WINDOWS

333 *SUPERTRICKS*
Features, Shortcuts und versteckte Funktionen, die Zeit sparen

ANDREAS ERLE

INHALT

Die Desktop-Darstellung

- 8 **Supertricks auf dem Desktop**
- 8 Zum Desktop mit einem Klick
- 11 Die Zukunft per Klick im Blick
- 12 Der Digitale Klebezettel
- 13 Z und Y vertauscht?
- 14 Die Taskleiste mal seitlich
- 15 3 Arten, Taskleisten-Symbole anzuzeigen
- 16 Große Taskleisten-Symbole
- 17 Farben und Formen anpassen
- 18 Mauszeiger wiederfinden
- 19 Mauszeiger wie 1993
- 20 Mit Touch-Gesten hüpfen
- 21 Dateien selbst verknüpfen
- 22 Alle Infos im Info-Center
- 23 Das Info-Center anpassen
- 24 Programm an Start anheften
- 25 Kacheln besser sortieren
- 26 Menge der Kacheln einstellen
- 27 Lösen oder Deinstallieren?
- 28 Die Bildschirmlupe in Aktion
- 29 Sehr große Desktopsymbole
- 30 Blauanteil im Bild reduzieren
- 31 Hohen Kontrast aktivieren
- 32 Virtuelle Desktops nutzen
- 33 5 Gründe für virtuelle Desktops
- 34 Das Mobilitätscenter
- 35 4 Varianten von Screenshots
- 36 Alte Programme aufpolieren
- 37 Das Windowseigene Antivirus
- 38 **Extra: Die Top 10 Anpassungsmöglichkeiten**
- 39 **Übersicht: Die besten Desktop-Shortcuts**

Das System steuern

- 42 **Supertricks im Windows-System**
- 43 Ein Blick unter die Haube
- 45 Wie aufschrauben und reingucken – nur besser!
- 46 Festplatten-Frühjahrsputz
- 47 Programme deinstallieren
- 48 Festplatten defragmentieren
- 49 Festplatten komprimieren
- 50 Festplatten formatieren
- 51 Der Manager aller Tasks
- 52 Ausführen, auf Kommando
- 53 Die besten Ausführen-Befehle
- 54 Was soll zum Start starten?

55	Was soll zum Start warten?
56	Ein Leben ohne Cortana
57	Ein Leben mit Cortana – die besten Befehle
58	Die neuen Einstellungen
59	Die alte Systemsteuerung
60	Digitalen Müll entsorgen
61	Mehr Speicherplatz freigeben
62	Ein Manager für alle Geräte
63	Die 5 besten Funktionen des Geräte-Managers
64	Standard-Apps festlegen
65	Die Standard-App-Alternative
66	Das „Rechtsklick > Senden an"-Menü anpassen
67	Das „Rechtsklick > neu"-Menü anpassen
68	Shortcuts ohne Fingerkrampf
69	Zweiten Monitor nutzen
70	Hauptbildschirm festlegen
71	Kleine Schrift ganz groß
72	Drucker anschließen
73	Alten Drucker anschließen
74	**Extra: Die Top 10 Datenschutzeinstellungen**
75	**Übersicht: Die besten System-Shortcuts**

Die Browser benutzen

78	**Supertricks in den Browsern**
79	Noch mehr Browser
81	Digitaler Lesezeichenimport
82	Digitale Lesezeichen sichern
83	Neue Internet-Standards
84	Surfspuren verwischen
85	Suchen statt googeln
86	Webseitentext schön groß
87	Öffnen im Internet Explorer
88	Neue Startseite in Edge
89	Neue Startseite im Explorer
90	Neue Startseite in Firefox
91	Neue Startseite in Chrome
92	Tabs einstellen in Edge
93	Tabs einstellen im Explorer
94	Tabs einstellen in Firefox
95	Tabs einstellen in Chrome
96	Neue Tabs für alle Browser
97	Link in neuem Tab öffnen
98	Von Tab zu Tab springen
99	Schnellcheck für offene Tabs
100	Webseite neu laden
101	Zu vorheriger Seite springen
102	Neues Browserfenster öffnen
103	Vom Tab zum eigenen Fenster

104	Adressfelder ohne Anklicken	130	4 Fenster, 4 Viertel, kein Chaos
105	Adressfelder rückwärts	131	4 Arten, Daten zwischen 2 Fenstern zu bewegen
106	4 Arten, auf einer Webseite zu scrollen	132	Schütteln zum minimieren
107	Scrollrichtung mit Touch	133	Zielordner schneller finden
108	Begriff in Webseite suchen	134	Schnell von A zu B wechseln
109	Bilder finden und speichern	135	Alle Fenster auf einen Blick
110	Die Übersicht für Downloads	136	Bilder mit vielen Details
111	Privat und inkognito im Netz	137	Listen mit vielen Details
112	**Extra: Browser als Alleskönner**	138	Shortcuts zur Navigation
113	**Übersicht: Die besten Browser-Shortcuts**	139	Shortcuts zur Dateiauswahl
		140	Ordneransicht nach Maß
		141	Dateiendungen sehen
		142	Dateien auf das Smartphone
		143	Dateien auf das iPhone
		144	**Extra: Noch mehr geheime Explorer-Funktionen**
		145	**Übersicht: Die besten Explorer-Shortcuts**

Den Explorer erkunden

116	**Supertricks im Windows Explorer**
117	4 Arten, den Explorer zu öffnen
119	Mehr neue Explorerfenster
120	Standardverzeichnis ändern
121	Exploreraussehen ändern
122	Dateien im Ordner suchen
123	Dateien systemweit suchen
124	An die Taskleiste anheften
125	An die Taskleiste anpinnen
126	Vollbild in Nullkommanix
127	Fenster in 2. Monitor schieben
128	Fenster mit Pfeilen halbieren
129	Fenster mit Maus anordnen

Die Programme probieren

148	**Supertricks in den Programmen**
150	Mit Tasten im Text springen
151	Schnell mit Maus markieren
152	Kopieren ohne Formate
153	**Übersicht: Formate und Korrekturen in Word**

154	Geheimtasten nutzen
155	Eigene Shortcuts für Symbole
156	Super-Symbole-Sammlung
157	Super-Sonderzeichen-Sammlung
158	Zahlen fürs Auge: Diagramme
159	Spicken bei Formeln
160	Die wichtigsten Excel-Formeln Teil 1
161	Die wichtigsten Excel-Formeln Teil 2
162	Gestalten in drei Dimensionen
163	1 Klick, Foto schick
164	2 + 3 × 3 = 15 ?
165	Taschenrechner: Der heimliche Held
166	Die Wettervorhersage
167	Karten und Verkehr
168	**Extra: Top Navigations-Shortcuts für Word**
169	**Übersicht: Die besten Programme-Shortcuts**

Hilfe

172	Übersicht: Besondere Tasten
174	Register

DIE DESKTOP-DARSTELLUNG

59 Supertricks zu:

Desktop, Kalender, Notizen, Sprache, Taskleistenposition und -Symbolen, Farben & Formen, Mauszeiger, Touch-Gesten, Verknüpfungen, Info-Center, Startmenü, Kacheln, Bildschirmlupe, Desktop-Symbolen, Nachtmodus, virtuellen Desktops, Mobilitätscenter, Screenshots, Kompatibilität und zum Security Center

SUPERTRICKS AUF DEM DESKTOP

Stellen Sie sich Ihren PC wie einen Schreibtisch vor: Alles, was Sie im direkten Zugriff haben wollen, legen Sie dort ab. Was zusammengehört, kommt in Ordner, die wiederum in Schubladen lagern.

Wie wäre es, wenn Sie plötzlich entdecken, dass der Schreibtisch höhenverstellbar ist? Dass Sie Farbe, Größe, Ausrichtung, Struktur und automatisches Aufräumen einstellen könnten, was Ihnen viel Arbeit abnimmt und Zeit spart?

Windows kann all das. Sie brauchen fast keine Zusatzprogramme für diese individuellen Einstellungen. Zugegeben, einige Funktionen sind etwas versteckt. Aber dafür gibt es ja dieses Buch.

DESKTOP: Die Übersicht

Der Begriff „Desktop" leitet sich von den englischen Worten „desk" (Tisch) und „top" (Oberfläche) ab und bezeichnet die Windows-Oberfläche, wenn Sie nicht im Tabletmodus sind. Hier können Sie das Hintergrundbild, das Aussehen der Symbole und deren Position verändern und mehr.

Wenn Sie mehrere Programme parallel nutzen, können Sie sogar mehrere Desktops anlegen. Alle sind aktiv, aber es wird immer nur einer angezeigt. Das ist ein wenig so, als würden Sie auf Ihrem Schreibtisch verschiedene Schreibtischunterlagen mit unterschiedlichen Elementen darauf verwenden – und sich immer die auf den Tisch legen, die Sie gerade brauchen. Schön übersichtlich.

Hilfreiche Tastenkombinationen ersparen Ihnen das umständliche Positionieren der Maus – und wenn Sie einen Touch-

ZWEI ANSICHTEN

IM INFO-CENTER, Schaltfläche Tablet-Modus, können Sie zwischen zwei Ansichten wechseln. Der Tablet-Modus schaltet Ihre Windows-Oberfläche komplett auf die Kacheloberfläche um. Den klassischen Desktop sehen Sie dann gar nicht mehr. Der Desktopmodus reduziert die Kacheln auf das Startmenü, ansonsten sehen Sie das Desktop-Hintergrundbild – wenn es nicht von Fenstern verdeckt wird.

screen haben, also einen berührungsempfindlichen Bildschirm, können Sie sich noch einiges andere viel einfacher machen.

STARTMENÜ: Alle Programme

Windows 10 unterscheidet sich von den vorangegangenen Versionen vor allem durch die Art des Startmenüs. Vor Windows 8 gab es die Kachelwelt noch nicht, sondern nur ein Startmenü mit Texteinträgen für Programme und Einstellungen.

Dann sollte alles anders und besser werden: In Windows 8 wurde das Startmenü komplett gestrichen. Die Rückmeldungen der Benutzer aber zeigten, dass das zu viel des Guten war.

In Windows 10 arbeiten Sie nun mit einer Mischung aus klassischem Startmenü und Kachelwelt. Das Aussehen, die Größe, die Anordnung und Sortierung können Sie auf vielfältige Art beeinflussen.

TASKLEISTE: Laufende Programme

Am unteren Rand des Desktops finden Sie die sogenannte Taskleiste. Diese ist vor allem dazu da, Ihnen schnellen Zugriff auf Funktionen zu geben, die Sie häufiger benötigen. Zusätzlich können Sie darin viele aktuelle Informationen sehen, so zum Beispiel die aktuell laufenden Programme, Benachrichtigungen, die aktuelle Uhrzeit sowie Datum und vieles mehr.

Windows bietet Ihnen auch hier viele Funktionen zum Anpassen. Form und Position der Taskleiste selbst können Sie verändern, aber auch die Darstellung der Symbole auf ihr sind anpassbar.

INFO-CENTER: Alle Einstellungen

In früheren Windows-Versionen waren Benachrichtigungen zu laufenden Programmen sowie Systemfunktionen wie Bildschirmhelligkeit, Lautstärkeeinstellung, WLAN, Bluetooth und viele mehr verteilt und nicht immer schnell zu erreichen.

Mit Windows 10 hat das Info-Center Einzug gehalten, das über die kleine Sprechblase am unteren rechten Bildschirmrand zu erreichen ist, per Win + I oder per Wischgeste vom rechten Rand zur Mitte. Die kleinen Schaltflächen für die vielen Systemfunktionen können Sie anordnen und anpassen. Darüber ist Platz für eine Liste mit Benachrichtigungen.

SMARTPHONEFUNKTION

WENN SIE EIN SMARTPHONE mit Windows 10 Mobile benutzen, ist das Info-Center sogar noch informativer: Sind PC und Handy per Bluetooth miteinander verbunden, werden Ihnen auch die Benachrichtigungen des Telefons im Info-Center am PC angezeigt – z. B. WhatsApp oder eingegangene SMS.

ZUM DESKTOP MIT EINEM KLICK

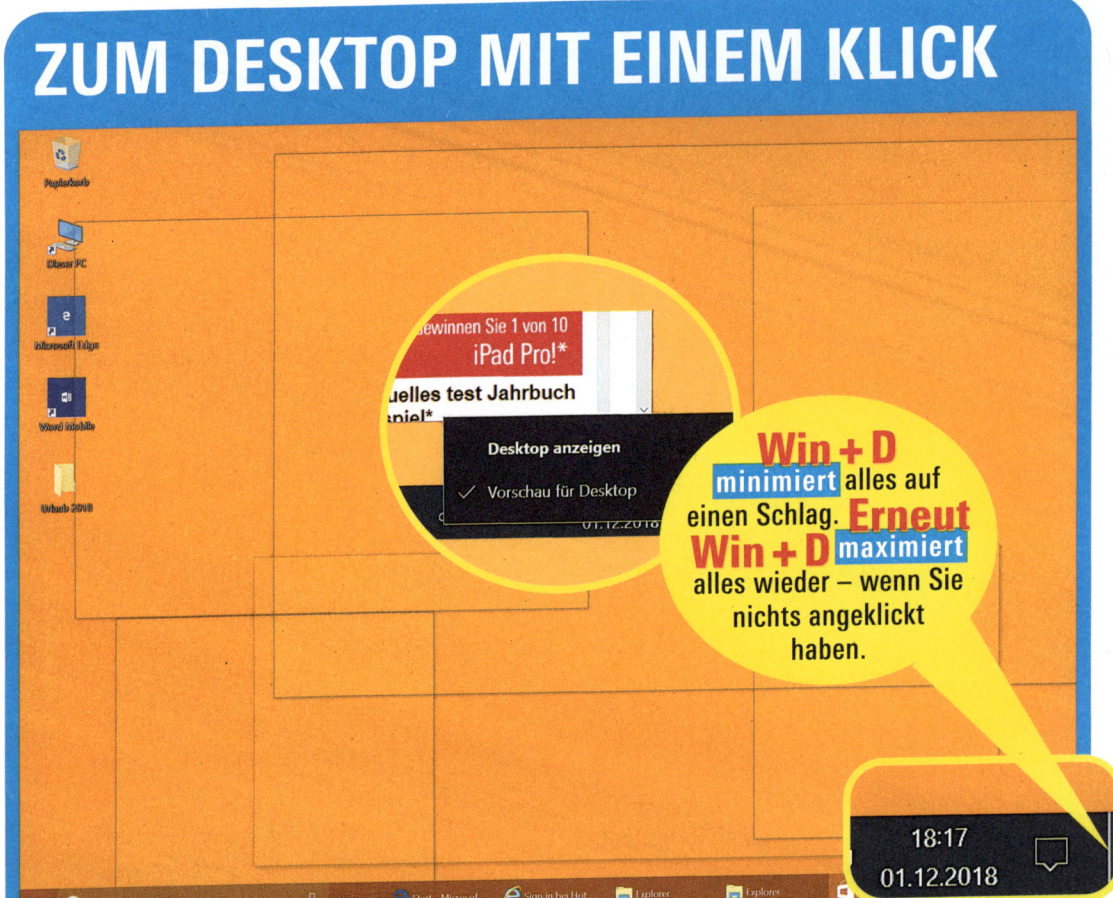

TAUSEND FENSTER OFFEN – und jetzt schnell zum Desktop? Kein Problem. Klicken Sie auf das kleine Feld unten rechts am Bildschirm: Das minimiert alles. Ein weiterer Klick holt die minimierten Fenster zurück.

NUR MAL GUCKEN? Aktivieren Sie Aero Peek unter Einstellungen > Personalisieren > Taskleiste. Wenn Sie nun mit dem Mauscursor über der Schaltfläche schweben, sehen Sie eine Vorschau des Desktops.

DIE ZUKUNFT PER KLICK IM BLICK

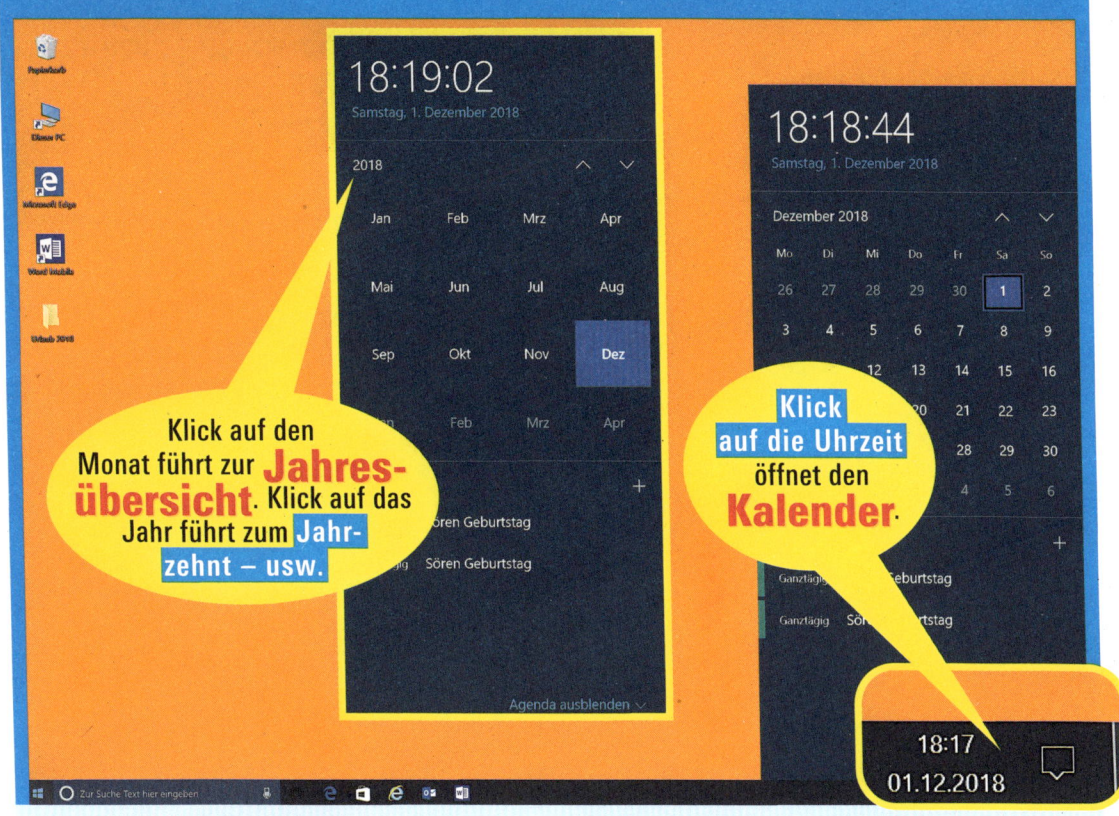

HINTER DER UHR VERBIRGT sich ein eigener Kalender. Klicken Sie zuerst per Rechtsklick auf die Taskleiste und entfernen das Häkchen bei Taskleiste fixieren. Wenn Sie jetzt die Taskleiste größer ziehen, sind das Datum und der Wochentag immer sichtbar. Durch die Monate kann man sich nach oben/unten hindurchscrollen. Falls Sie den Windows-Kalender nutzen, öffnet ein Klick auf das Plus-Zeichen die Übersicht über bestehende und neue Termine.

DER DIGITALE KLEBEZETTEL

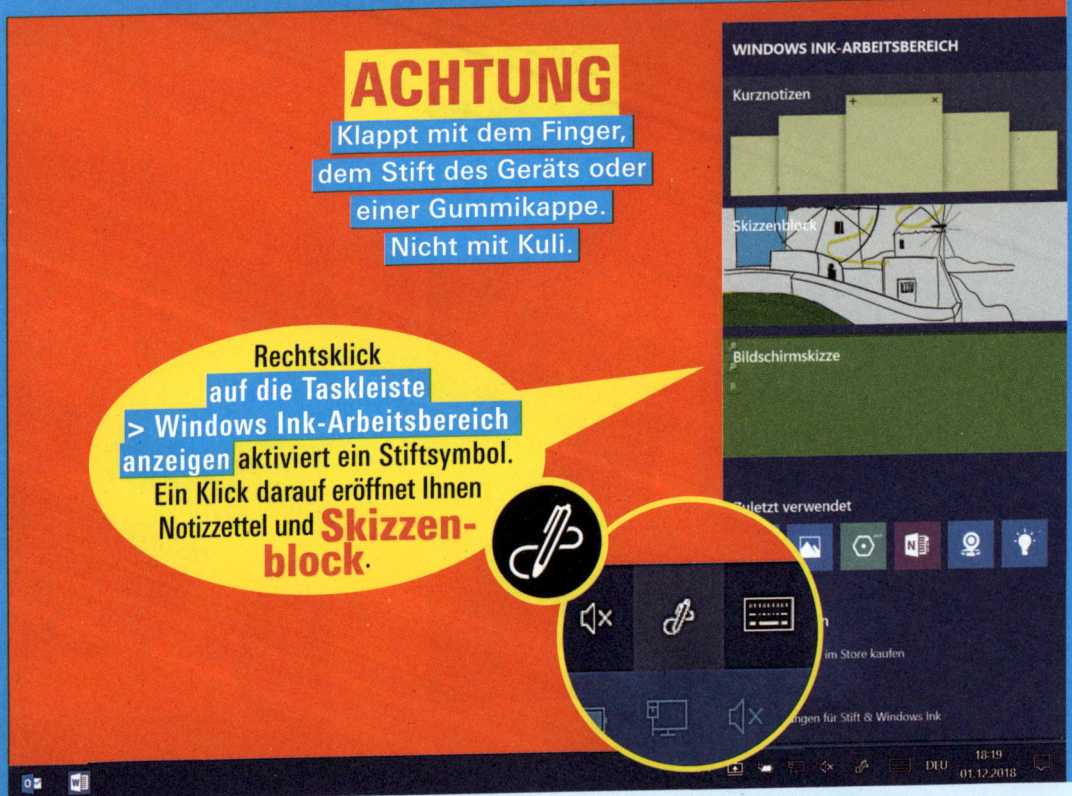

SCHMIERZETTEL UND STIFT brauchen Sie in Zukunft nicht mehr zu suchen: Windows Ink kann all das und mehr. Wenn Sie einen Touchscreen haben, können Sie auf den gelben Kurznotizen sogar in Schreibschrift schreiben.

Über das Stiftsymbol > Bildschirmskizze können Sie auf dem aktuellen Abbild Ihres Desktops frei wie auf dem Skizzenblock herumkritzeln. Oder Sie nutzen gleich den > Skizzenblock und lassen Ihrer Kreativität freien Lauf.

Z UND Y VERTAUSCHT?

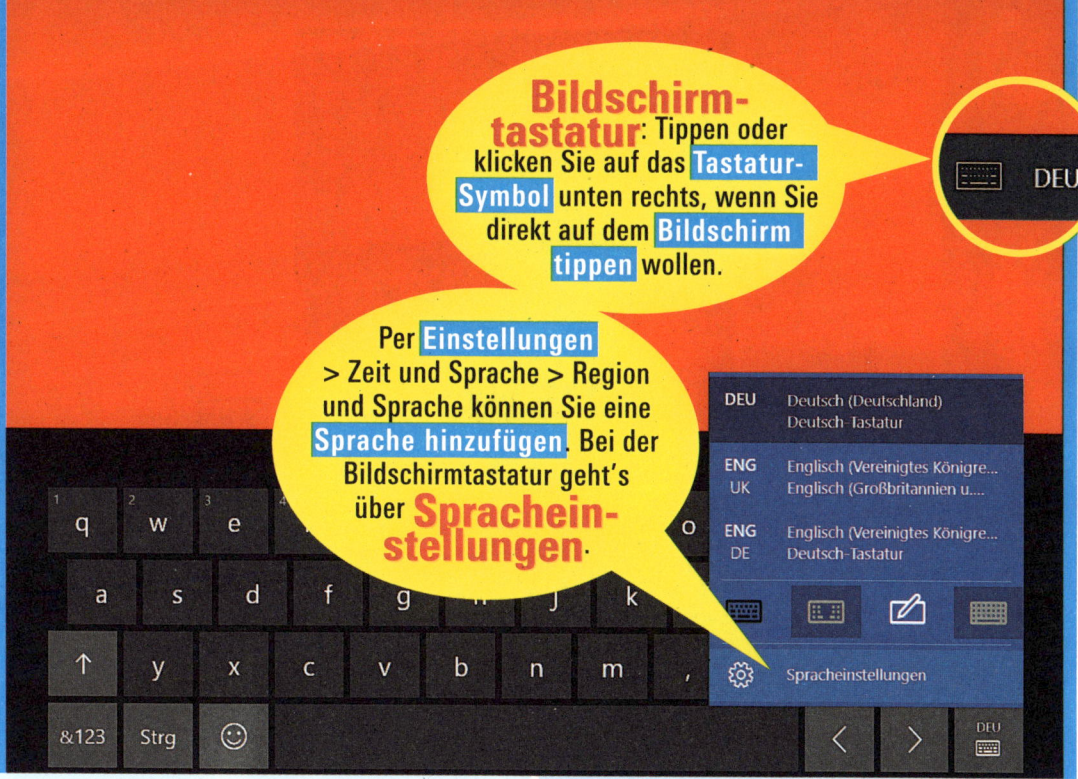

Bildschirmtastatur: Tippen oder klicken Sie auf das Tastatur-Symbol unten rechts, wenn Sie direkt auf dem Bildschirm tippen wollen.

Per Einstellungen > Zeit und Sprache > Region und Sprache können Sie eine Sprache hinzufügen. Bei der Bildschirmtastatur geht's über **Spracheinstellungen**.

SIE TIPPEN UND TIPPEN, und plötzlich sind die Tasten für Z und Y vertauscht? Alle Umlaute sind weg? Dann haben Sie aus Versehen auf Englisch gewechselt. Oder absichtlich, denn Windows kann mehrere Sprachen.

Win + Leertaste wechselt durch die aktivierten Sprachen. Die aktuelle Sprache wird unten rechts angezeigt (z. B. DEU).

Alt + Shift ist es noch bei Windows 7.

DIE TASKLEISTE MAL SEITLICH

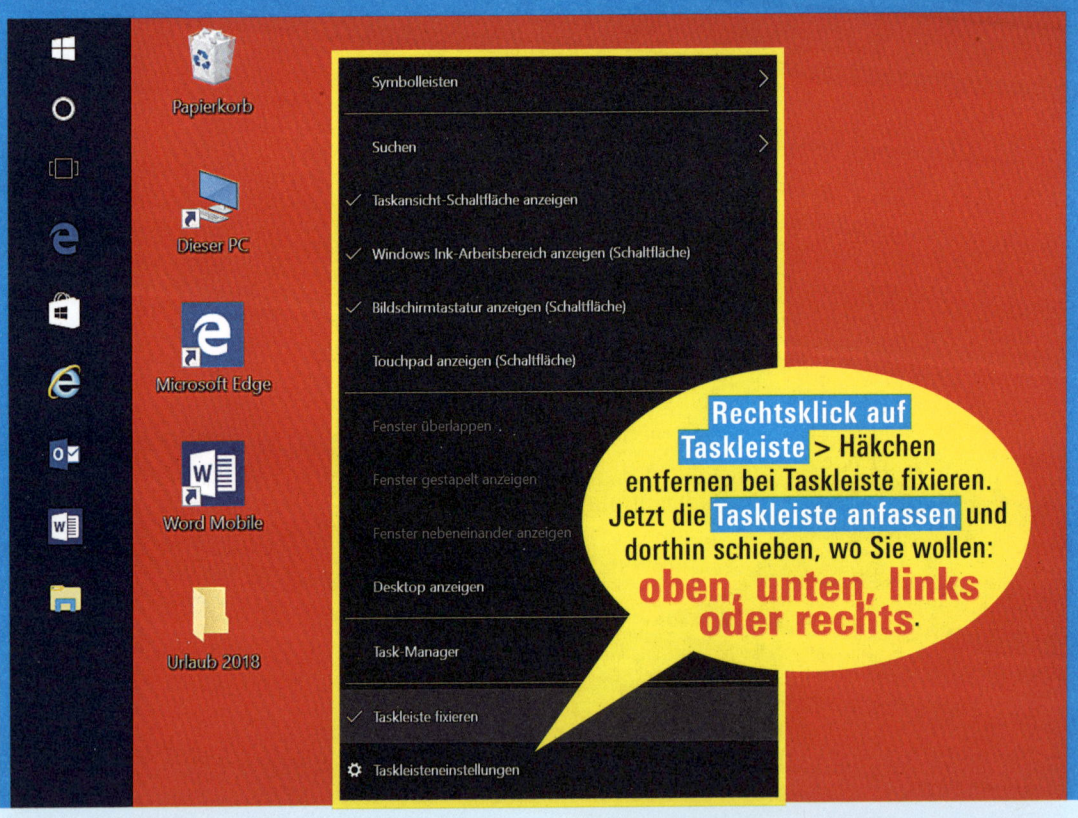

> **Rechtsklick auf Taskleiste** > Häkchen entfernen bei Taskleiste fixieren. Jetzt die **Taskleiste anfassen** und dorthin schieben, wo Sie wollen: **oben, unten, links oder rechts.**

DIE TASKLEISTE muss nicht immer unten sitzen. Kleben Sie sie einfach an den Rand, wo es Ihnen passt. Höhe / Breite sind auch variabel: Solange sie nicht fixiert ist, können Sie sie größer ziehen und so mehr Symbole sehen.

FÜR NOCH MEHR VOLLBILD wählen Sie Rechtsklick auf Taskleiste > Taskleisteneinstellungen > Taskleiste automatisch ausblenden. So klappt sie automatisch ein und ist nur sichtbar, wenn Sie unten tippen/mit dem Cursor da sind.

3 ARTEN, TASKLEISTEN-SYMBOLE ANZUZEIGEN

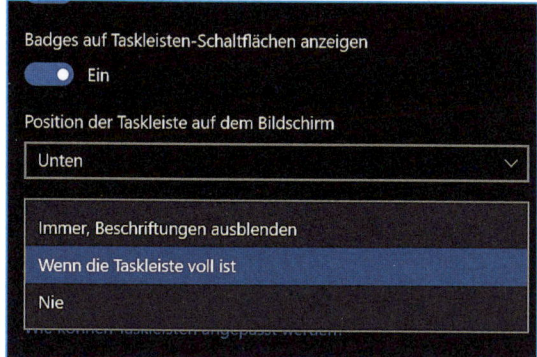

1. So geht's: Eine Übersicht der Möglichkeiten bekommen Sie unter *Einstellungen > Personalisierung > Taskleiste > Schaltflächen der Taskleiste gruppieren*. Hier lesen Sie, wofür was steht:

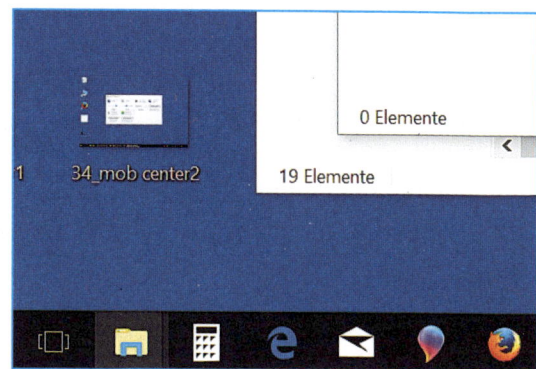

2. Immer, Beschriftungen ausblenden: Die Einstellung gruppiert mehrere gleiche Programmsymbole (Word-Dokumente, Internetseiten) zu einem gestapelten Symbol ohne Titel.

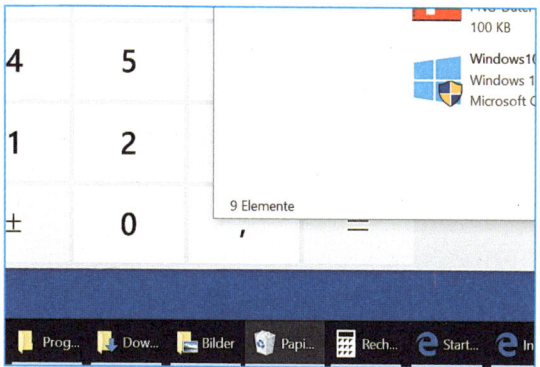

3. Nie: Das stellt die laufenden Programme als breite Symbolbalken mit Text darin dar. Die Breite der Balken wird dynamisch je nach Zahl der offenen Programme angepasst.

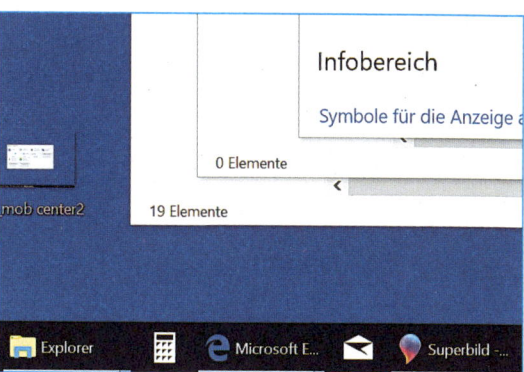

4. Wenn die Taskleiste voll ist: Die Mischung aus 2. und 3. stellt Balken dar und schaltet auf gestapelte Symbole um, sobald in der Taskleiste kein Platz mehr für breite Symbole ist.

GROSSE TASKLEISTENSYMBOLE

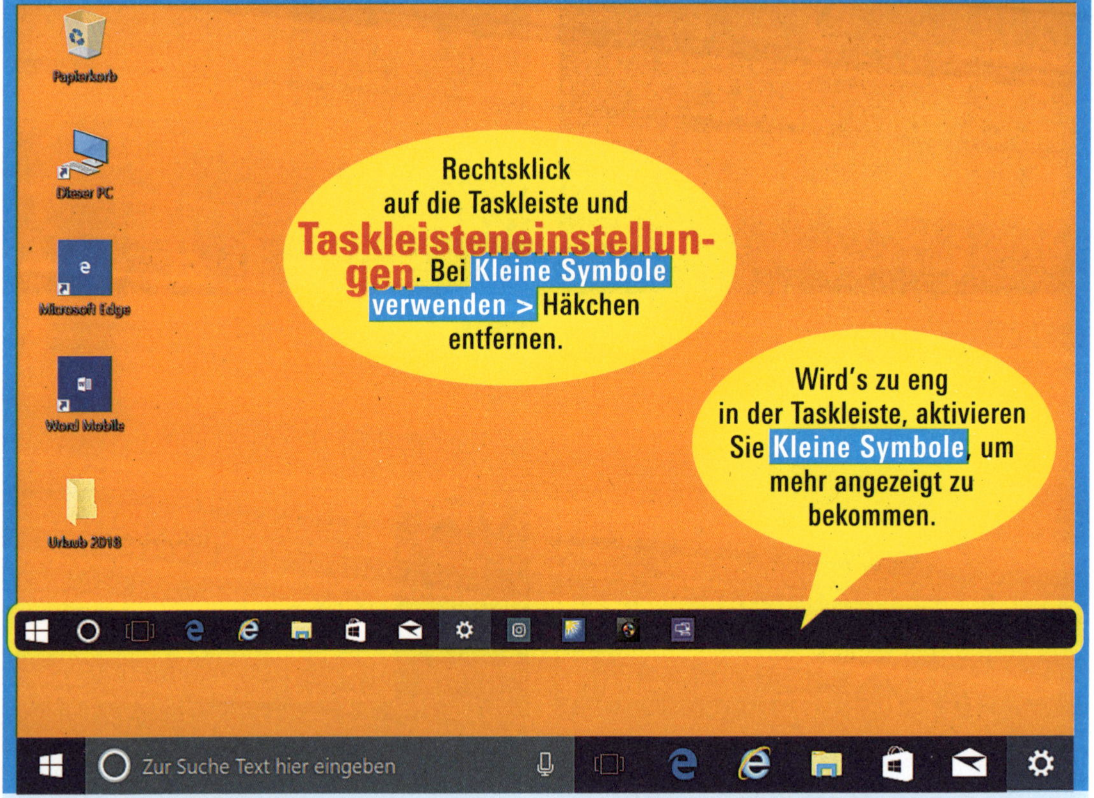

Rechtsklick auf die Taskleiste und **Taskleisteneinstellungen**. Bei Kleine Symbole verwenden > Häkchen entfernen.

Wird's zu eng in der Taskleiste, aktivieren Sie Kleine Symbole, um mehr angezeigt zu bekommen.

ZIEMLICH FUMMELIG kann es sein, sich in den kleinen Symbolen auf der Taskleiste zurechtzufinden. Alle Symbole können auch eine Stufe größer dargestellt werden, egal, ob Sie Balken oder gruppierte Elemente bevorzugen.

IN GROSS UND TROTZDEM PLATZ? Stellen Sie unter Symbole für die Anzeige auf der Taskleiste auswählen und Systemsymbole aktivieren oder deaktivieren ein, was außerdem angezeigt und was eingeklappt werden soll.

FARBEN UND FORMEN ANPASSEN

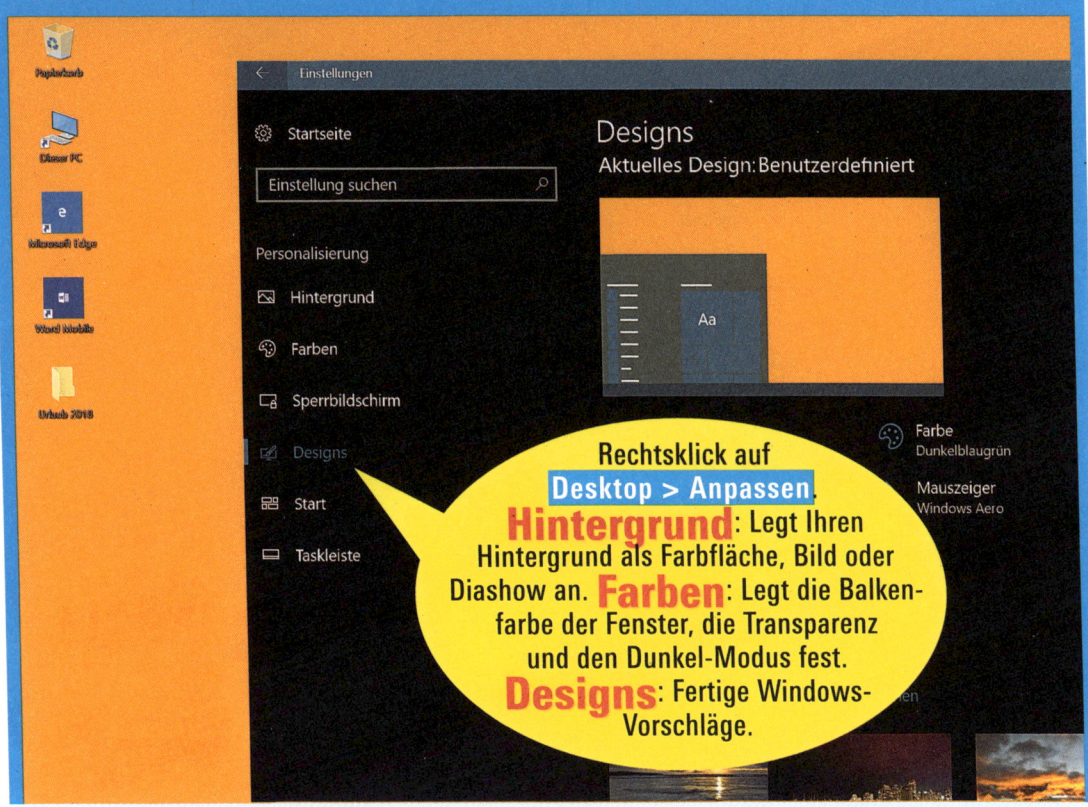

MODERN ODER 90ER? Windows kann individuell angepasst werden. Transparenzeffekte können Ihren Rechner ins Schwitzen bringen, schalten Sie sie auf einem älteren PC besser aus. Wer es noch klassischer möchte, bekommt bei Farben > Einstellungen für hohen Kontrast immerhin klassische Farbbalken und Taskleiste. Den echten Windows-98-Stil müssen Sie sich gesondert im Internet herunterladen – dann ist auch dieser Retro-Stil möglich.

MAUSZEIGER WIEDERFINDEN

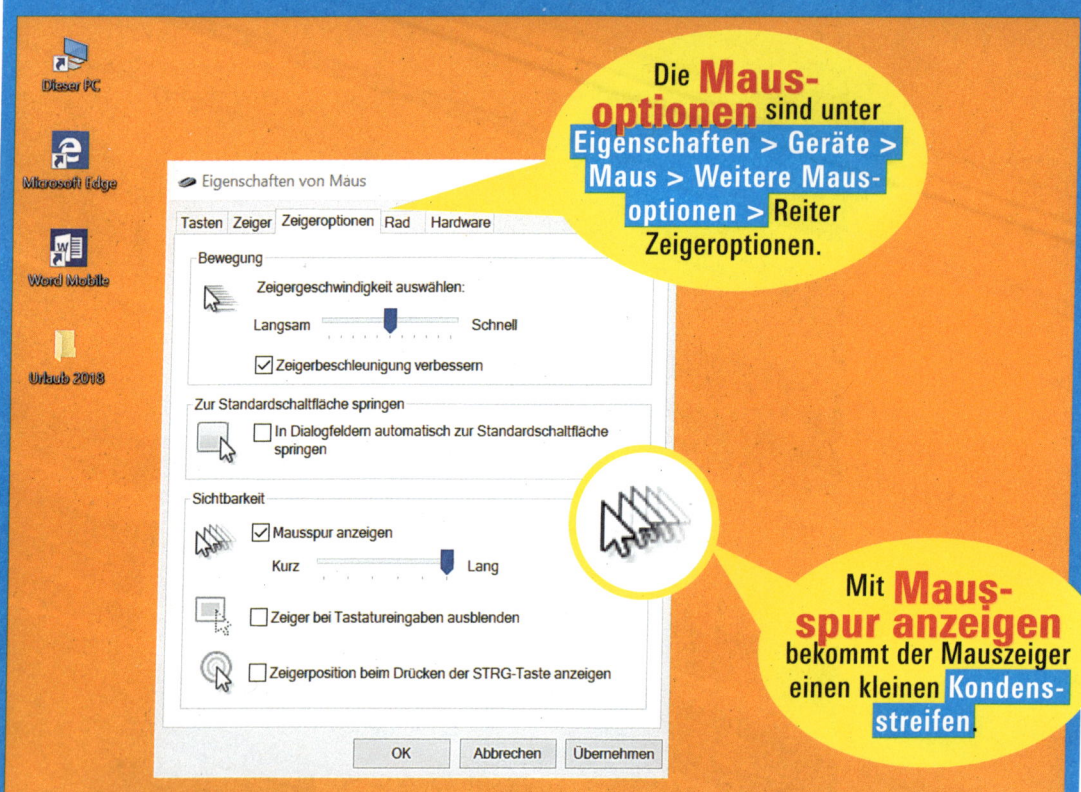

Die **Mausoptionen** sind unter Eigenschaften > Geräte > Maus > Weitere Mausoptionen > Reiter Zeigeroptionen.

Mit **Mausspur anzeigen** bekommt der Mauszeiger einen kleinen Kondensstreifen.

DER MAUSZEIGER ist ein scheues Wesen. Oft scheucht ihn nur rabiates Rütteln der Maus über den halben Schreibtisch aus seinem Versteck. Windows hält in den Mausoptionen aber auch einige elegantere Lösungen parat.

Wenn Sie die Zeigerposition per **Strg** anzeigen lassen, erscheint ein Kreis um den Mauszeiger. Allerdings auch bei anderen Tastenkombis – z. B. **Strg + C**.

MAUSZEIGER WIE 1993

Unter **Eigenschaften > Geräte > Maus > Weitere Mausoptionen > Reiter Zeiger** können Sie einen **eigenen Zeiger-Stil** wählen.

Über **Durchsuchen** können Sie sogar ein eigenes Bild für den Mauszeiger wählen und als **eigenes Schema** abspeichern.

DIE SANDUHR war schon immer Ihr Favorit gegenüber dem blauen Kreis? Stellen Sie es doch in den Mausoptionen im Reiter Zeiger einfach ein. Klappen Sie das Feld bei Schema auf, um die verschiedenen Mauszeiger-Voreinstellungen in verschiedenen Größen zu sehen. Im unteren Beispielfenster sehen Sie die Vorschau der Mauszeiger-Varianten. Ein Zeigerschatten ist auch möglich. Per Klick auf Übernehmen aktivieren Sie Ihre gewählte Variante.

MIT TOUCH-GESTEN HÜPFEN

Rechtsklickmenü: länger mit einem Finger tippen

Scrollen: 1 Finger auf / ab / links / rechts

Markieren + ziehen / Rahmen: Tippen, dann ziehen

Verkleinern / vergrößern: 2 Finger kneifen / spreizen

Rahmen + Rechtsklickmenü: Tippen, halten und ziehen

Programmübersicht: Vom linken Rand her wischen

Info-Center: Vom rechten Rand her wischen

FAULHEIT SIEGT – das ist die Antwort auf die Frage, warum ein Laptop mit Tastatur und Touchpad auch einen berührungsempfindlichen Bildschirm braucht. Die Maus macht kleinste Bewegungen möglich, Shortcuts kürzen lange Befehlsketten ab – aber manchmal geht ein Wisch am Bildschirm eben noch schneller. Drag & Drop heißt „ziehen und fallenlassen": Objekt per Maus anfassen / tippen und halten, an den gewünschten Ort ziehen, loslassen.

DATEIEN SELBST VERKNÜPFEN

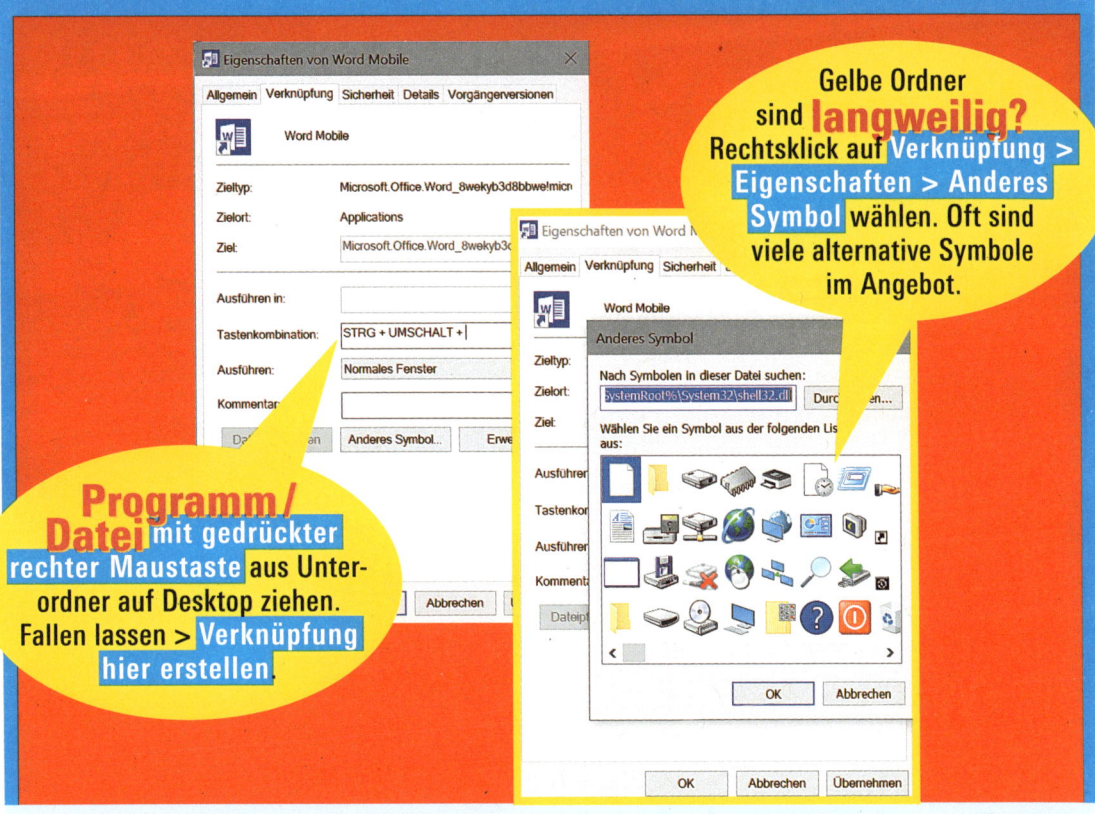

Gelbe Ordner sind langweilig? Rechtsklick auf Verknüpfung > Eigenschaften > Anderes Symbol wählen. Oft sind viele alternative Symbole im Angebot.

Programm/Datei mit gedrückter rechter Maustaste aus Unterordner auf Desktop ziehen. Fallen lassen > Verknüpfung hier erstellen.

DATEIPFADE SIND LANG UND STEINIG. Verknüpfungen bieten schnelle Abkürzungen zum echten Ordner/Programm. Sie können verschoben und gelöscht werden, ohne dass die Zieldatei verändert wird.

ZUM ÖFFNEN können Sie sich eine individuelle Tastenkombination festlegen. Das klappt mit Programmen und Ordnern. Rechtsklick auf die Verknüpfung > Eigenschaften > Tastenkombination: Jetzt den Shortcut direkt ausführen.

ALLE INFOS IM INFO-CENTER

PERFEKT!
So geht's auch:
1 Klick auf die Sprechblase unten rechts
1 Wisch von rechts in den Bildschirm

Zu viel los? Tippen Sie auf **Reduzieren**, um nur die oberste Reihe angezeigt zu bekommen.

Sie brauchen **Ruhe?** Per Win + A > Ruhezeiten kommen keine Benachrichtigungen durch.

WLAN, BLUETOOTH, HELLIGKEIT – im Info-Center können Sie fast alles zentral und mit einem Klick steuern. Im oberen Bereich sehen Sie auch aktuelle Benachrichtigungen zu Ihrem Windows-System.

Win + A ist der Shortcut fürs Info-Center. Dieses verschwindet einfach wieder, wenn Sie irgendwo hinklicken.

DAS INFO-CENTER ANPASSEN

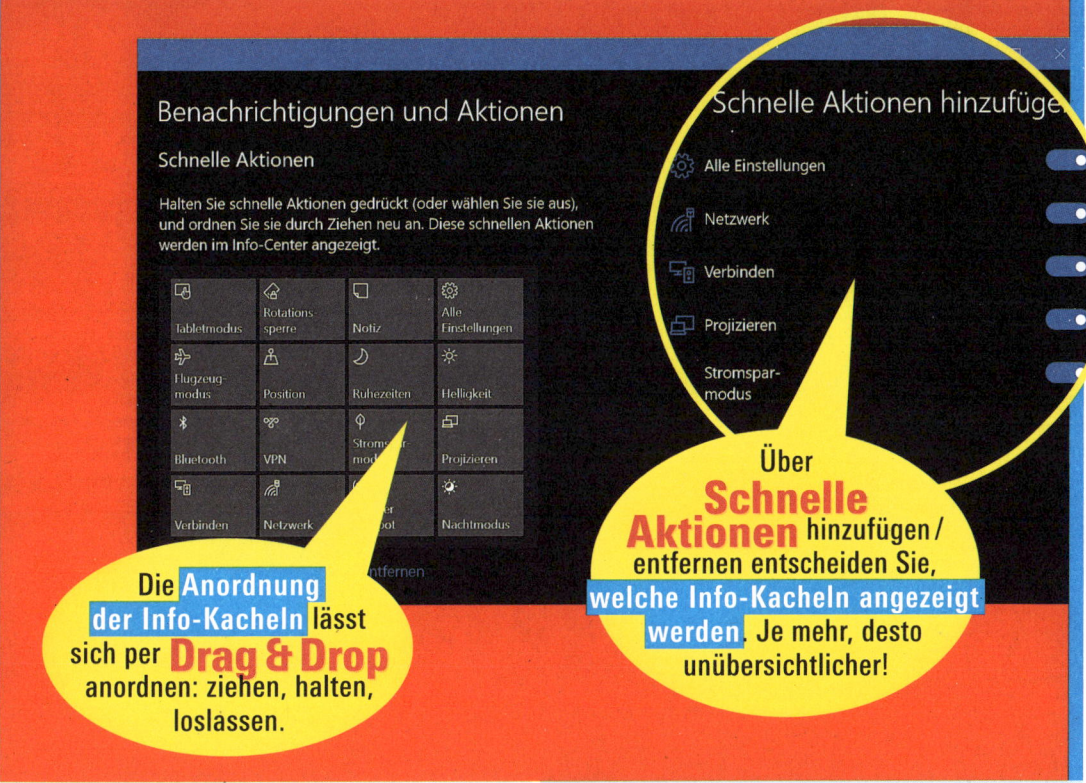

Die Anordnung der Info-Kacheln lässt sich per **Drag & Drop** anordnen: ziehen, halten, loslassen.

Über **Schnelle Aktionen** hinzufügen / entfernen entscheiden Sie, welche Info-Kacheln angezeigt werden. Je mehr, desto unübersichtlicher!

FLUGZEUGMODUS, VPN, NOTIZ – im Info-Center finden Sie auch Dinge, die Sie gar nicht interessieren. Passen Sie es unter Einstellungen > System > Benachrichtigungen und Aktionen doch einfach genau so an, wie es Ihnen passt.

Win + I ist der Shortcut für die Einstellungen. **Tippen + halten** auf eine Info-Kachel öffnet diese Einstellung.

PROGRAMM AN START ANHEFTEN

GELIEBT, GEHASST, IGNORIERT – die Kacheln. In Windows 10 sind sie weniger geworden. Wer sie nicht mag, bemerkt sie kaum. Wenn Sie mehr davon wollen, können Sie installierte Programme in Kacheln verwandeln.

Suchen Sie das Programm im Startmenü und heften Sie es per Rechtsklick in die Kachelübersicht. Um eine Kachel von dort wieder zu löschen, Rechtsklick auf die Kachel bzw. lange tippen > Von „Start" lösen.

KACHELN BESSER SORTIEREN

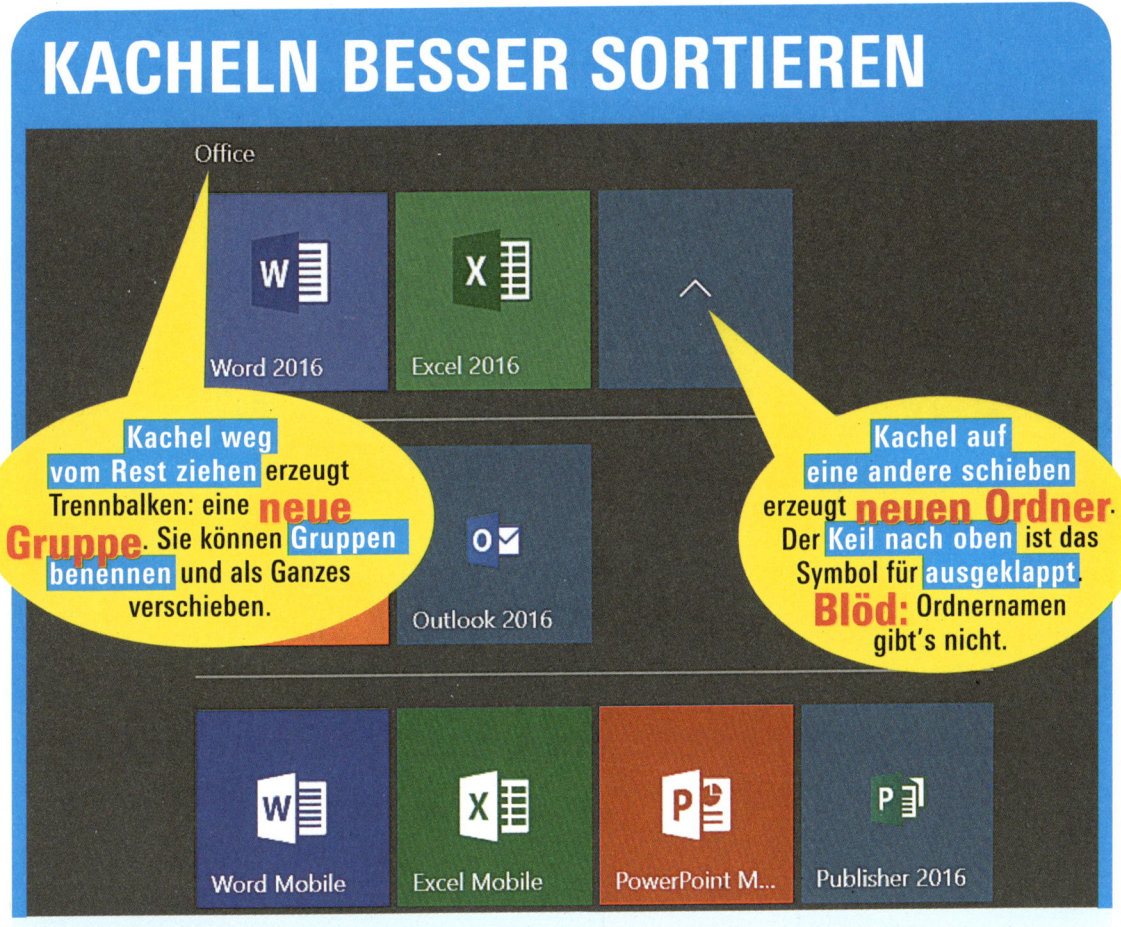

KACHELN SIND GUT, Kontrolle ist besser. Wie die Symbole auf dem Desktop können Sie auch die Kachelsortierung ganz nach Ihren persönlichen Vorlieben anpassen. Sie haben die Wahl zwischen Gruppen und Ordnern.

UM KACHELN ZU BEWEGEN, klicken/tippen und halten Sie sie mit der linken Maustaste oder dem Finger. Ziehen Sie sie dorthin, wo Sie möchten, und lassen Sie sie fallen. Bestehende Kacheln weichen meist automatisch aus.

MENGE DER KACHELN EINSTELLEN

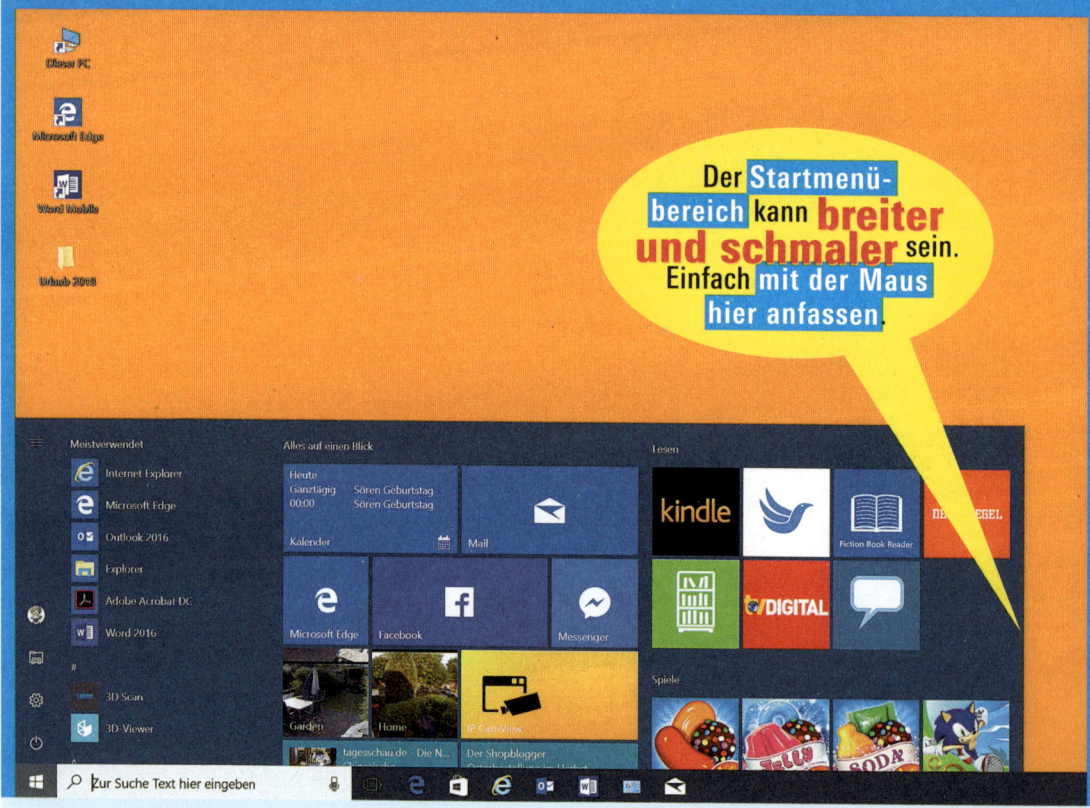

MEHR KACHELN oder weniger? Verschieben Sie die Breite des Startmenüs, wie Sie möchten. Wollen Sie mit Kacheln nichts zu tun haben, schieben Sie den Bereich, so weit es geht, zusammen. Lösen Sie nun manuell alle Kacheln vom Start. Ausweiten können Sie die Größe des Kachelbereichs unter Einstellungen > Personalisieren > Start. Auch die Kachelgröße selbst können Sie verändern: Rechtsklick auf die Kachel bzw. lange tippen > Größe ändern.

LÖSEN ODER DEINSTALLIEREN?

Wollen Sie eine **Kachel entfernen** aus dem Startmenü, Rechtsklick auf Kachel bzw. lange tippen > Von „Start" lösen.

BEI AKUTEM KACHELKOLLER hilft nur Aufräumen. Immer ran: Das Lösen einer Kachel entfernt nur die Verknüpfung im Startmenü, nicht das Programm selbst. Wollen Sie die Kachel zurück, geht's wieder über das Startmenü.

Deinstallieren heißt löschen. Das geht im selben Menü, aber auch unter Einstellungen > Apps > Apps & Features > Programm auswählen > Deinstallieren.

DIE BILDSCHIRMLUPE IN AKTION

Win + Plus aktiviert die Bildschirmlupe und vergrößert die Ansicht. **Win + Minus** verkleinert.

NUR MAL GUCKEN? Mit der Lupe können Sie schnell etwas vergrößern und direkt wieder in die Normalansicht wechseln, ohne etwas dauerhaft zu verstellen. Die Funktion steckt unter Einstellungen > Erleichterte Bedienung > Bildschirmlupe. Im Standard wird der Bildschirm doppelt so groß angezeigt. Bewegen Sie die Maus an den Bildschirmrand, um den Ausschnitt zu verschieben. Klick aufs Lupensymbol und auf X beendet die Ansicht.

SEHR GROSSE DESKTOPSYMBOLE

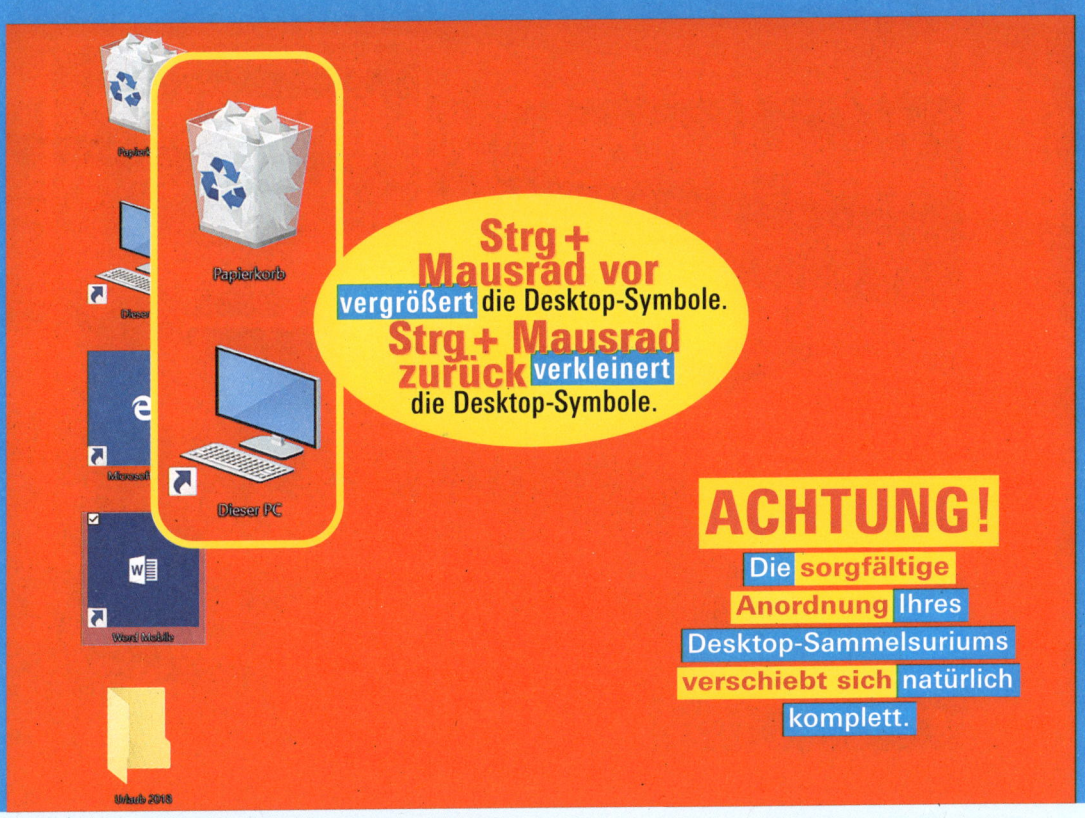

Strg + Mausrad vor vergrößert die Desktop-Symbole.
Strg + Mausrad zurück verkleinert die Desktop-Symbole.

ACHTUNG! Die sorgfältige Anordnung Ihres Desktop-Sammelsuriums verschiebt sich natürlich komplett.

HOHE AUFLÖSUNG = KLEINE SYMBOLE? Das müssen Sie sich nicht bieten lassen. Wie groß die Desktop-Symbole angezeigt werden, können Sie selbst festlegen. Einfach auf den Desktop klicken, die Maus zur Hand und los.

DIE SCHRIFT BLEIBT dabei allerdings genauso klein wie vorher. Sie müssen das gesondert einstellen unter Einstellungen > System > Bildschirm > Größe von Text, Apps und anderen Elementen ändern.

BLAUANTEIL IM BILD REDUZIEREN

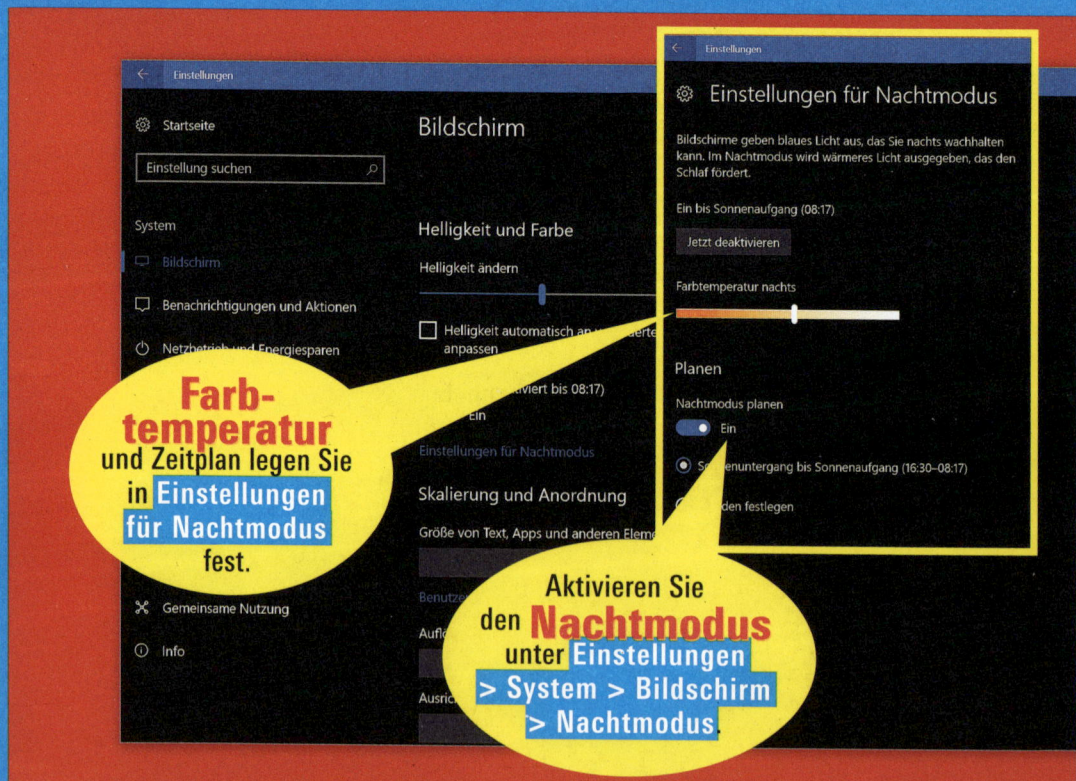

Farbtemperatur und Zeitplan legen Sie in Einstellungen für Nachtmodus fest.

Aktivieren Sie den **Nachtmodus** unter Einstellungen > System > Bildschirm > Nachtmodus.

VIERECKIGE AUGEN bekommen Sie nicht, gesund ist langes Starren auf den Bildschirm am Abend aber trotzdem nicht: Der Blauanteil des Monitorlichts lässt Ihr Gehirn denken, es sei noch Tag. Dadurch wird wenig bis kein Schlafhormon Melatonin produziert. Die Folge: schlechter Schlaf. Wer am Abend zumindest den Blauanteil vermindert, tut sich und seinem Schlafrhythmus etwas Gutes. Das Menü dazu gibt's seit Frühjahr 2017, per Creators Update.

HOHEN KONTRAST AKTIVIEREN

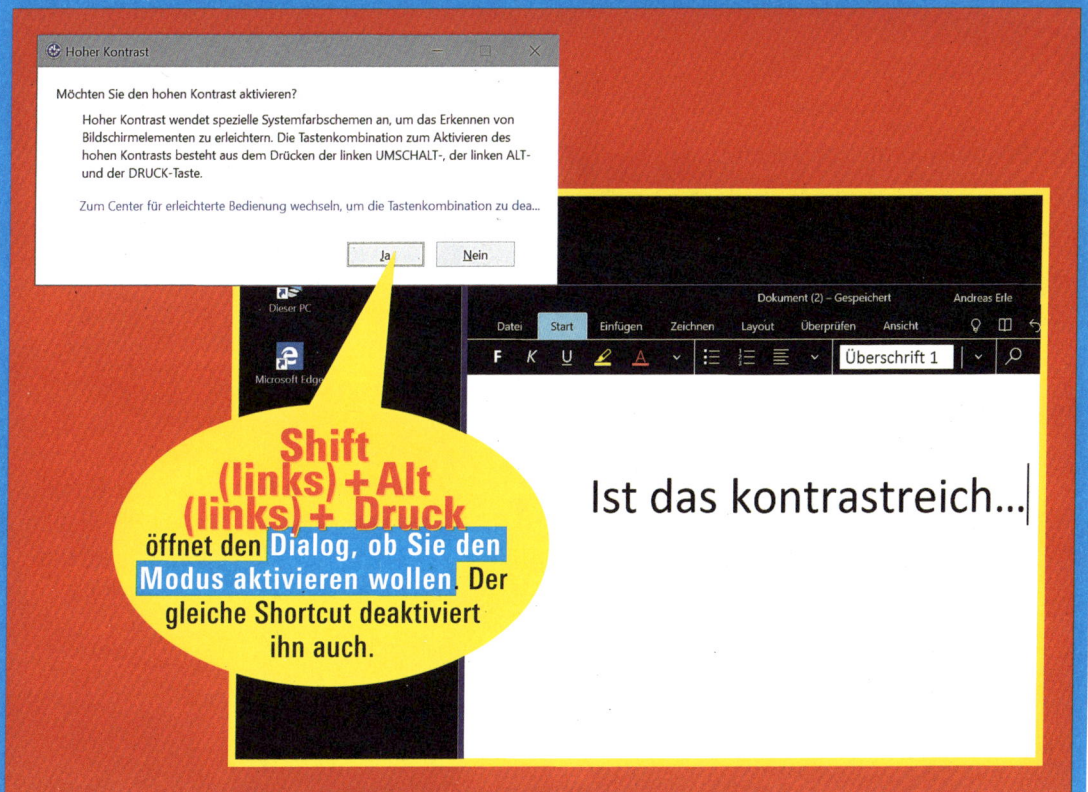

Shift (links) + Alt (links) + Druck öffnet den Dialog, ob Sie den Modus aktivieren wollen. Der gleiche Shortcut deaktiviert ihn auch.

ES GIBT SITUATIONEN, da blendet die helle Umgebung der Windows-Oberfläche einfach zu stark. Der Modus für hohen Kontrast kehrt alle Farben um (bis auf die der Programmsymbole). Das sieht nicht besonders hübsch aus, erfüllt aber seinen Zweck. Die Farben der Fensterleisten in diesem Modus lassen sich rudimentär anpassen. Manchmal reicht schon der Dunkel-Modus: Eigenschaften > Personalisierung > Farben > Standard-App-Modus.

VIRTUELLE DESKTOPS NUTZEN

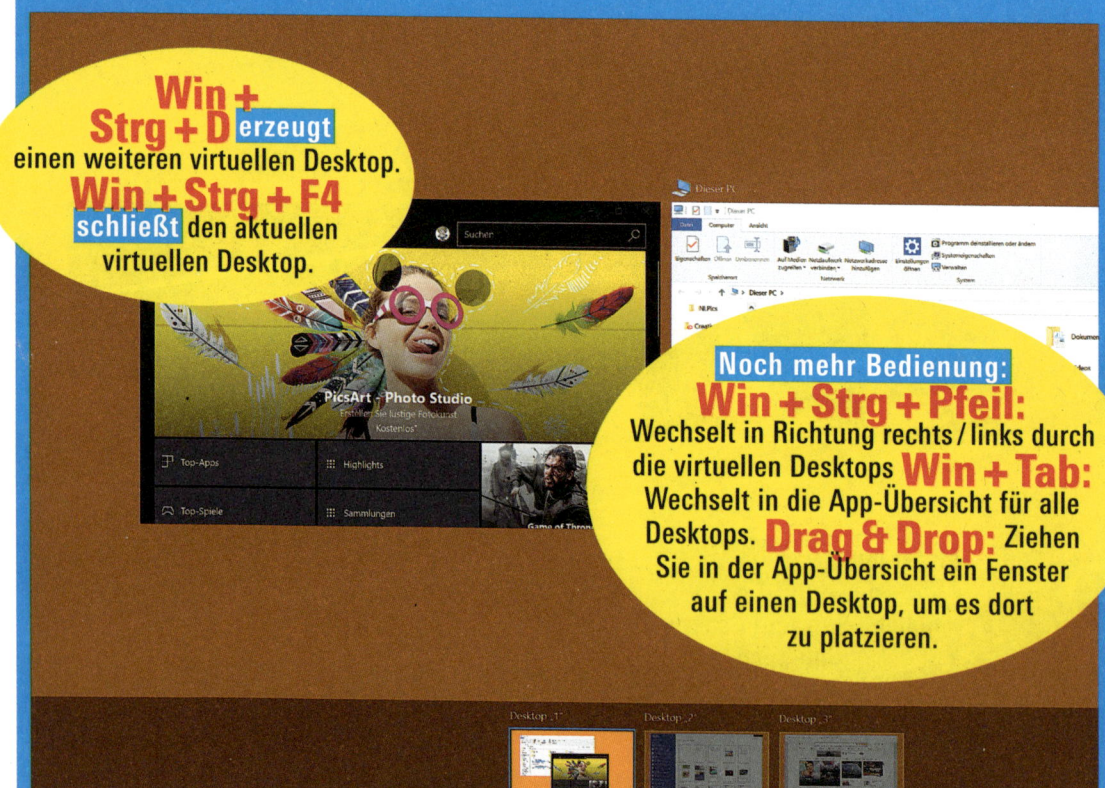

Win + Strg + D erzeugt einen weiteren virtuellen Desktop. **Win + Strg + F4** schließt den aktuellen virtuellen Desktop.

Noch mehr Bedienung: **Win + Strg + Pfeil:** Wechselt in Richtung rechts/links durch die virtuellen Desktops **Win + Tab:** Wechselt in die App-Übersicht für alle Desktops. **Drag & Drop:** Ziehen Sie in der App-Übersicht ein Fenster auf einen Desktop, um es dort zu platzieren.

MEHR PLATZ UND ÜBERSICHT, das bringt die Arbeit mit mehreren Desktops. Wenn Sie verschiedene Fenster und Programme auf zwei oder mehr virtuellen Desktops anordnen, wird die Taskleiste nicht voll, und Sie behalten einen besseren Überblick. Virtuelle Desktops können Sie ohne Rücksicht auf Verluste schließen – es geht nichts verloren. Nur die Anordnung der Fenster verschwindet: Sie rutschen jeweils auf den nächsten Desktop.

5 GRÜNDE FÜR VIRTUELLE DESKTOPS

Virtuelle Desktops gibt es erst seit Windows 10, also noch gar nicht so lange. Was soll man damit anfangen? Schließlich haben Sie im echten Leben ja auch nur einen Schreibtisch.

Hier sind 5 Gründe, warum es sich lohnt, mit virtuellen Desktops zu arbeiten.

1. Bessere Taskleistenübersicht: Je mehr Programme Sie laufen haben, desto größer die Gefahr, dass Ihnen die Übersicht verloren geht. Auf der Taskleiste finden sich unzählige gestapelte Symbole, bald wissen Sie nicht mehr, wo was ist. Dank virtueller Desktops haben Sie nun unbegrenzt viele Taskleisten zur Verfügung und können die Symbole darauf nach Belieben verteilen.

2. Thematische Sortierung: Oft lassen sich die laufenden Programme thematisch gruppieren. Sie schauen einen Film und suchen dazu im Internet nach Hintergrundinfos, Trailern und nach Bildern der Schauspieler – und nebenbei fliegt irgendwo diese angefangene E-Mail herum, dazu blinkt auch noch der Skype-Chat? Legen Sie sich doch einfach einen Arbeits-Desktop an, einen fürs Internet, einen für die Kommunikation und so weiter.

3. Virtuell größerer Bildschirm: Selbst die größten Laptop-Monitore sind klein im Vergleich zu einem ausgereiften PC-Bildschirm. Ganz zu schweigen von zweien, dreien oder vieren nebeneinander. Aber mit virtuellen Desktops können Sie sich selbst auf dem kleinsten Ultrabook-Display virtuell ähnlich viel Platz schaffen.

4. Superleichte Handhabung: Virtuelle Desktops lassen sich unglaublich einfach in Ihre alltägliche Desktoproutine einbinden. Die Funktion nutzt bekannte Bedienkonzepte wie Drag & Drop: Ziehen Sie in der App-Übersicht einfach ein Fenster in den gewünschten virtuellen Desktop, schon wird es dort angezeigt und nimmt auf Ihrem Haupt-Desktop keinen Platz mehr weg. Per Shortcuts wechseln Sie zwischen den Desktops herum.

5. Schließen ist unbedenklich: Wenn es Ihnen doch einmal zu viel wird, ist das Entsorgen eines virtuellen Desktops weder aufwendig noch fatal: Alle geöffneten Fenster und Programme bleiben erhalten und rutschen auf den nächsten aktiven Desktop. Wenn Sie etwa in mehreren Desktops jeweils den Rechner mit verschiedenen Ergebnissen offen hatten, ist das Programm danach mehrmals auf einem Desktop geöffnet.

DAS MOBILITÄTSCENTER

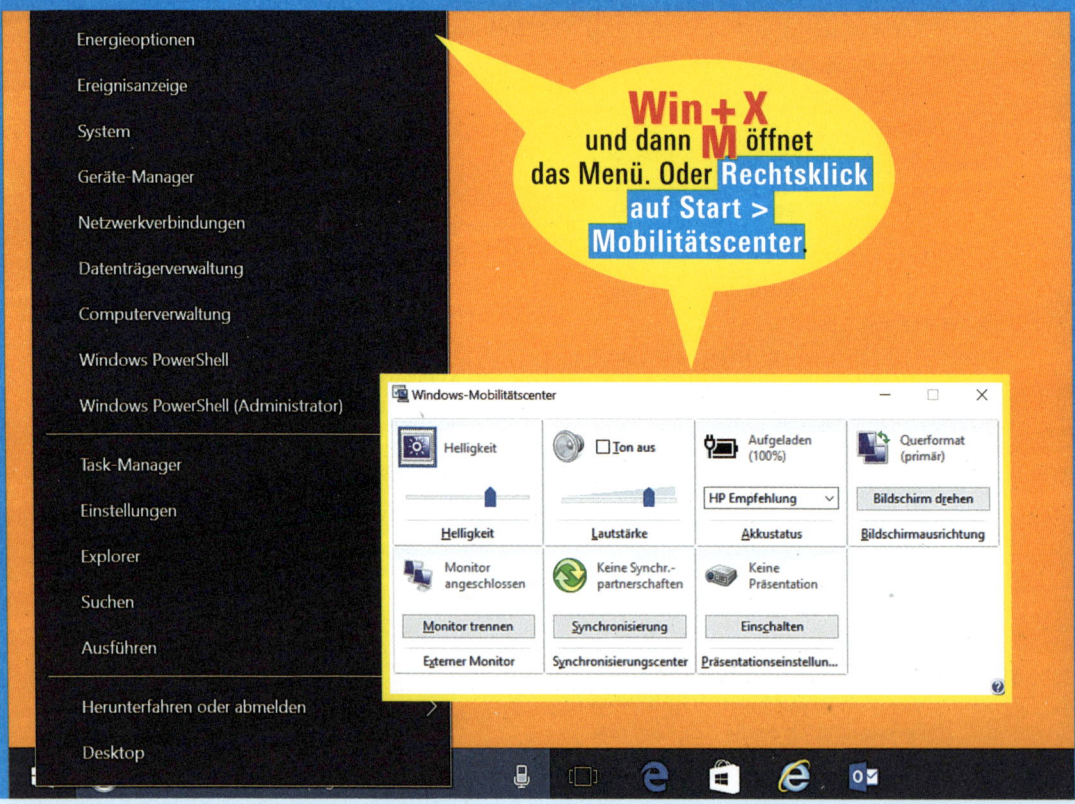

Win + M und dann öffnet das Menü. Oder Rechtsklick auf Start > Mobilitätscenter.

DOPPELT HÄLT BESSER. Das Mobilitätscenter finden Sie nur auf Laptops und Notebooks. Hier gibt es zwar keine Informationen, die es nicht auch im Info-Center gibt. Aber jede Windows-Version trägt eben die Altlasten der Vorgänger noch ein Weilchen mit sich herum. Immerhin, das hat auch sein Gutes: Denn es wird immer Nutzer geben, die die von früheren Versionen bekannte Optik eines Menüs dem aktuellen Design vorziehen.

4 VARIANTEN VON SCREENSHOTS

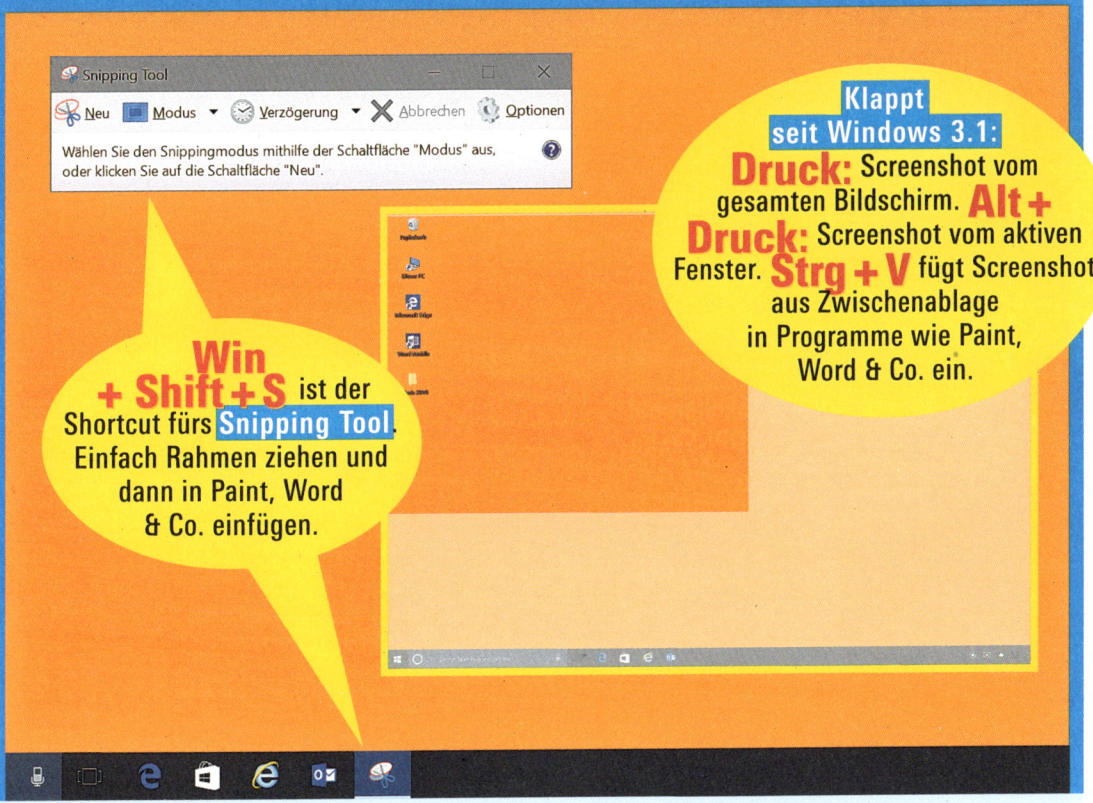

Klappt seit Windows 3.1: **Druck:** Screenshot vom gesamten Bildschirm. **Alt + Druck:** Screenshot vom aktiven Fenster. **Strg + V** fügt Screenshot aus Zwischenablage in Programme wie Paint, Word & Co. ein.

Win + Shift + S ist der Shortcut fürs Snipping Tool. Einfach Rahmen ziehen und dann in Paint, Word & Co. einfügen.

DIGITALKAMERAS sind super ungeeignet für Bildschirmfotos. Wenn Sie der Nachwelt etwas von Ihrem Desktop mitteilen wollen, klicken Sie unten rechts auf das Stiftsymbol von Windows Ink > Bildschirmskizze. Das Diskettensymbol speichert den Screenshot. Soll es nur ein Bildschirmausschnitt sein, starten Sie Snipping Tool. Klick auf Neu > Rahmen ziehen > Speichern. Brauchen Sie es öfter? Pinnen Sie sich das Tool einfach an die Taskleiste!

ALTE PROGRAMME AUFPOLIEREN

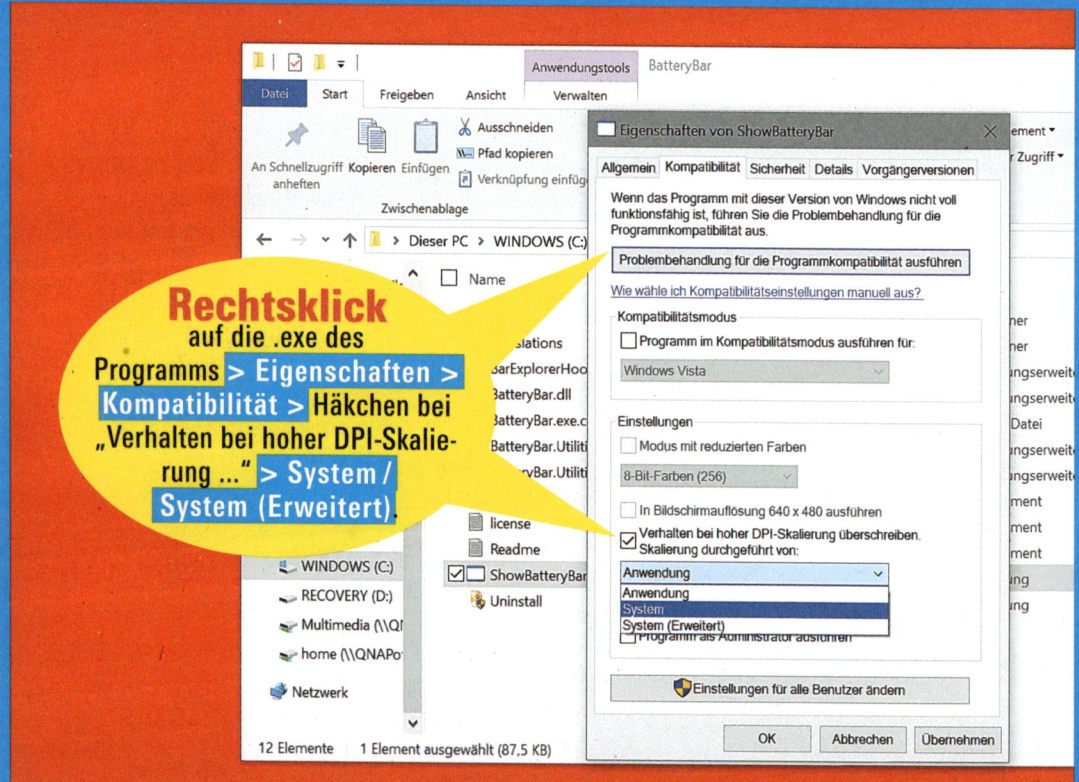

Rechtsklick auf die .exe des Programms > Eigenschaften > Kompatibilität > Häkchen bei „Verhalten bei hoher DPI-Skalierung ..." > System / System (Erweitert).

WINDOWS WIRD NEUER, die Monitorauflösung höher – aber Ihr Lieblingsprogramm ist aus den 2000ern? Haben Sie mit unscharfer Darstellung und verwaschenen Menüs zu kämpfen? Windows mag Nostalgiker und hält für solche Fälle Kompatibilitätseinstellungen bereit. Versuchen Sie zunächst, die Skalierung anzugleichen. Ein anderer Trick wäre, das Programm im Kompatibilitätsmodus auszuführen für eine ältere Windows-Version – z. B. Vista.

DAS WINDOWSEIGENE ANTIVIRUS

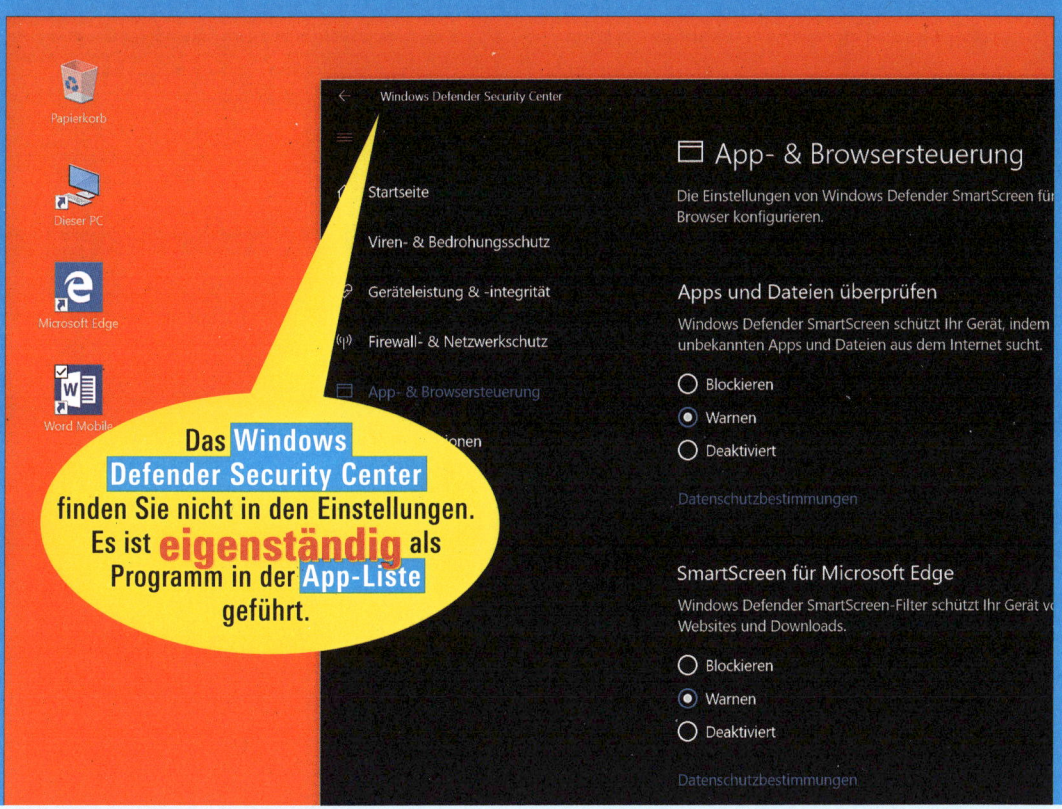

Das Windows Defender Security Center finden Sie nicht in den Einstellungen. Es ist **eigenständig** als Programm in der App-Liste geführt.

MICROSOFTS ANTWORT auf immer neue Bedrohungen durch Schadprogramme, Viren, Erpresser- und Ransomware ist das Windows Defender Security Center. Hier kontrollieren Sie den Stand der Dinge in Sachen Virenschutz auf dem PC und beim Surfen. Neuerdings können Sie hier Ordner schützen. Jede Änderung bedarf dann Ihrer Zustimmung – keine Chance für Ransomware. Unter Familienoptionen finden Sie hier jetzt auch die Jugendschutzsicherung.

EXTRA: DIE TOP 10 ANPASSUNGSMÖGLICHKEITEN

1. Position der Taskleiste auf einen anderen Seitenrand legen oder aufziehen für mehr Platz: *Rechtsklick auf Taskleiste > Häkchen entfernen bei Taskleiste fixieren > per Maus anpassen*.

2. Taskleistensymbole gruppieren oder nicht – und als größere oder kleinere Symbole darstellen: *Rechtsklick auf Taskleiste > Taskleisteneinstellungen*.

3. Desktophintergrundbild individuell festlegen mit Bild (*Durchsuchen* für eigene Fotos), Volltonfarbe, Diashow (wechselnde Bilder): *Einstellungen > Personalisierung > Farbfläche*.

4. Farben für Fensterbalken, Taskleiste, Startmenü festlegen als Farbe, Akzentfarbe oder im Dunkel-Modus: *Einstellungen > Personalisierung > Farben*. Unter *> Designs* sind vorgefertigte Farben & Bilder gelistet. Unter *> Taskleiste > Aero Peek* das durchsichtige Design aktivieren für Vorschau, wenn Mauszeiger über „Desktop anzeigen", ganz rechts bei der Taskleiste schwebt.

5. Sperrbildschirm festlegen, als Windows-Blickpunkt, Bild oder Diashow – und welche Apps darauf laufen dürfen: *Einstellungen > Personalisierung >Sperrbildschirm*.

6. Mauszeiger-Design, Größe und Geschwindigkeit einstellen – und wie gut Sie den Mauszeiger wiederfinden: *Eigenschaften > Geräte > Maus > Weitere Mausoptionen*.

7. Verknüpfungen von oft verwendeten Programmen und Ordnern selbst auf dem Desktop anlegen: *Rechtsklick + halten auf Ordner / Programm > auf Desktop ziehen > Verknüpfung hier erstellen*. Eigene Symbole: *Rechtsklick auf Verknüpfung > Eigenschaften*.

8. Anzahl der Kacheln und Breite des Startmenüs anpassen: *Einstellungen > Personalisierung > Start*. Kacheln löschen oder in ihrer Größe anpassen per *Rechtsklick*. Kacheln in Gruppen organisieren: *Drag & Drop voneinander weg* bzw. in Ordnern sortieren: *Drag & Drop aufeinander drauf*.

9. Desktop größer anzeigen, nur für diesen Moment mit der Bildschirmlupe: *Win + Plus / Minus*. Oder dauerhaft größer: *Strg + Scrollen mit Mausrad*. Größere Schrift und Beschriftung einstellen: *Einstellungen > System > Bildschirm*, dort Prozentzahl ändern.

10. Bildschirmlicht einstellen und festlegen, von wann bis wann wie viel Blauanteil reduziert werden soll: *Einstellungen > System > Bildschirm > Einstellungen für Nachtmodus*.

Übersicht: Die besten Desktop Shortcuts

Win + D	Minimiert alle Fenster zum Desktop. Erneut drücken, um alles wieder zu maximieren.
Win + Leertaste	Wechselt durch die aktiven Sprachen auf der Tastatur.
Win + A	Öffnet das Info-Center.
Win + I	Öffnet die Windows-Einstellungen.
Strg + Mausrad vor/zurück	Vergrößert/verkleinert die Desktop-Symbole.
Win + Plus	Aktiviert die Bildschirmlupe. Win + Plus/Minus vergrößert/verkleinert die Ansicht.
Shift (links) + Alt (links) + Druck	Aktiviert Modus für hohen Kontrast.
Win + Strg + D	Erzeugt weiteren virtuellen Desktop.
Win + Strg + F4	Schließt aktuellen virtuellen Desktop.
Win + Strg + Pfeil rechts/links	Wechselt nach rechts/links durch die virtuellen Desktops hindurch.
Win + X	Öffnet das Taskleisten-Menü.
Win + Shift + S	Aktiviert das Snipping-Tool für Screenshots. Der Bildschirm wird milchig. Ziehen Sie einen Rahmen für den Ausschnitt.
Alt + Druck	Kopiert Screenshot vom aktiven Fenster in Zwischenablage.
Strg + V	Fügt Screenshot aus Zwischenablage in Programm ein (Word, Paint, …).

DAS SYSTEM STEUERN

77 Supertricks zu:

Deinstallation, Systemdetails, defragmentieren, Festplatten bereinigen, Task-Manager, komprimieren & formatieren, Ausführen, Autostart, Cortana, Datenschutz, Einstellungen, Systemsteuerung, Papierkorb, Gerätemanager, Standard-Apps, Menüs, Einrastfunktion, Hauptbildschirm, Schriftgröße und Drucker

SUPERTRICKS IM WINDOWS-SYSTEM

Über Windows als Betriebssystem wird in gewissen Fachkreisen gerne gelästert. Es sei nicht stabil, äußerst anfällig für Viren und ein falscher Klick mache alles kaputt.

Dabei gehören diese Zeiten größtenteils der Vergangenheit an. Windows war und ist ein Betriebssystem, in dem Sie als Nutzer erstaunlich viel selbst einstellen können, fast ohne Drittprogramme. Egal, ob Sie Ihren PC mit neuer Hardware aufrüsten, neue Geräte anschließen oder etwas im System verbessern wollen, das nicht ganz so läuft, wie es eigentlich sollte. Wenn es notwendig wird, in die Tiefen der Systemeinstellungen abzutauchen, ist Ihnen dieser Weg nicht versperrt. Im Gegenteil: Viele kleine Tricks und Kniffe vereinfachen es für Sie.

LAUFWERKE und Datenmüll

Neben der integrierten Festplatte Ihres Rechners verwenden Sie sicherlich noch den einen oder anderen USB-Stick, eine portable Festplatte oder eine Speicherkarte. Bevor Sie noch eine Festplatte kaufen, bereinigen Sie zunächst einmal die, die Sie bereits haben: So springt wieder einiges an verfügbarem Speicherplatz heraus. Haben Sie noch eine ältere Festplatte (HDD), wirkt eine regelmäßige Defragmentierung Wunder, was Geschwindigkeit und Speicherplatz betrifft.

Nicht mehr benötigte Programme können Sie löschen – und einstellen, dass sich der Papierkorb bspw. alle 30 Tage automatisch leert. Wird es doch einmal knapp, komprimieren Sie die Daten eines Laufwerks, um auch noch die letzte Datei daraufpressen zu können.

LAUFENDE PROGRAMME und Systemstart

Unter Windows gibt es nicht nur „normale" Programme, sondern auch unsichtbar im Hintergrund laufende Prozesse, die alle möglichen Funktionen wahrnehmen. Sie alle ziehen an Leistung und Strom Ihres PCs. Für einen großen Computer nicht von Bedeutung – bei kleinen Notebooks und Tablets aber kann es ein spürbarer Posten sein.

Werfen Sie doch mal einen Blick auf die CPU-Auslastung Ihres Rechners, bezogen auf einzelne Programme und Prozesse. Überlegen Sie, ob Sie es wirklich brauchen oder ob das Programm bzw. der Prozess beim Systemstart aktiviert werden muss.

Vielleicht stellen Sie in dem Zusammenhang auch fest, dass Sie noch einen freien Slot für mehr Arbeitsspeicher (RAM) haben. Vielleicht lohnt sich die Aufrüstung!

GERÄTE zum Laufen bekommen

Die einfache Sicht auf Ihren PC: Er ist ein Gerät, eine Einheit, die funktioniert. Meistens klappt das auch. Nur manchmal hakt etwas im komplizierten Zusammenspiel der verschiedenen verbauten Komponenten und in ihrem Zusammenspiel mit dem Betriebssystem. Dann will die Grafikkarte plötzlich nicht mehr, die integrierte Kamera ist angeblich nicht mehr vorhanden, und der angeschlossene Drucker wird nicht erkannt. Wenn Sie nicht wissen, wo Sie Abhilfe finden, ist Frust vorprogrammiert.

Die Windows-Einstellungen, die Systemsteuerung und der Gerätemanager sind die richtigen Orte, um auch die neuen Komponenten Ihres Systems vernünftig einzubinden und fehlerfrei zu betreiben.

FUNKTIONEN und Standards anpassen

In Windows können Sie nicht nur das Design anpassen, sondern auch viele Systemfunktionen selbst. So werden Sie etwa im Laufe der Zeit immer neue Programme ausprobieren. Einige werden einen dauerhaften Platz auf Ihrer Festplatte finden, andere nicht. Einige gefallen Ihnen vielleicht viel besser als Standardprogramm zum Ansehen von Bildern, zum Surfen im Internet usw. Legen Sie fest, welche Dateien mit welchem Programm geöffnet werden sollen. Auf Wunsch können Sie manuell immer auch andere Programme stattdessen auswählen.

Noch weiter ins System greifen Sie ein, wenn Sie festlegen, was in den Menüs auftauchen soll, wenn Sie mit der rechten Maustaste klicken und Senden an oder Neu auswählen. Passen Sie die Listen selbst an.

Die letzten Geheimnisse entlocken Sie Windows über die Funktion Ausführen. Probieren Sie aus, welche versteckten Menüs Sie alles hierüber erreichen!

DRITTPROGRAMME?

KONTRA: Internet und Zeitschriften bieten Ihnen für jede kleine Optimierung separate Tools an. Diese beherrschen ohne Frage ihre Aufgabe, sind aber oft nach 30 Tagen kostenpflichtig und nisten sich tief im System ein. Letztlich verkleistern Sie damit nur Ihr System. Windows beherrscht diese Optimierungen selbst, auch ohne Tools.
PRO: Wenn Sie für eine Funktion wirklich tief ins System eingreifen müssen, lohnen sich spezielle Drittprogramme. Das verhindert versehentliche Fehler mit größeren Konsequenzen, etwa in der Registry.

EIN BLICK UNTER DIE HAUBE

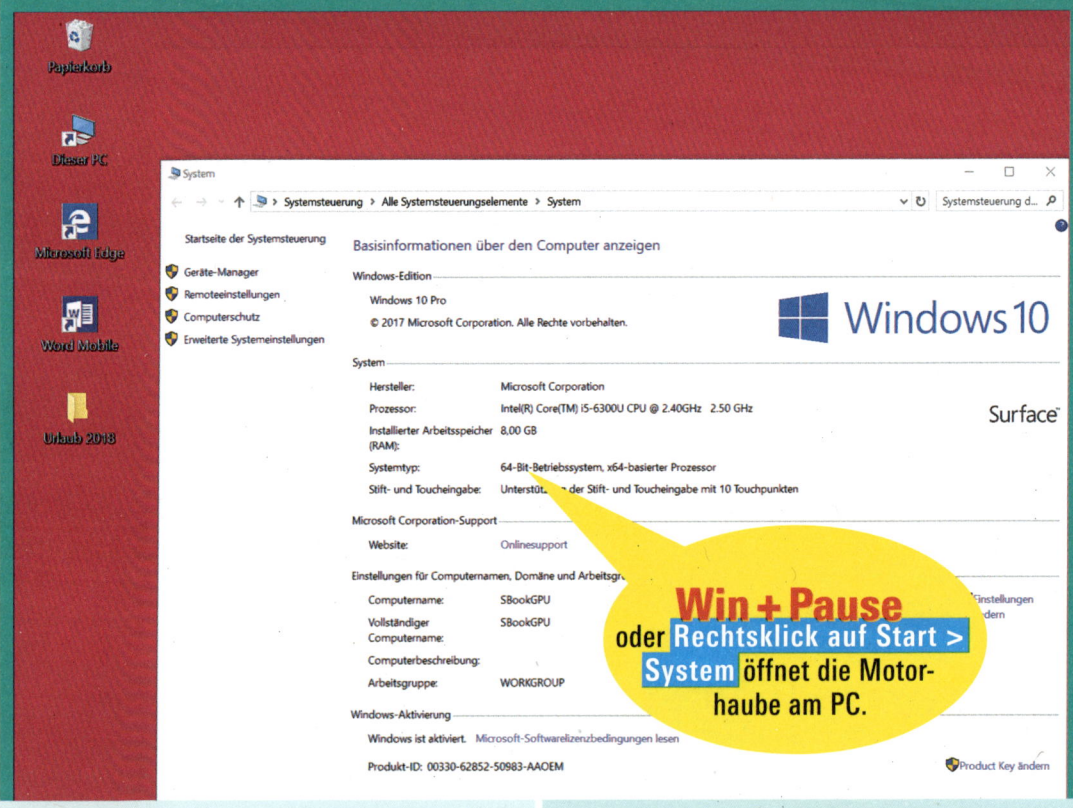

WIE VIEL PC-PS hat Ihr System? Prozessor, Arbeitsspeicher, Systemtyp und ob Touch unterstützt wird sind wichtig, wenn es um die Anforderung leistungshungriger Programme geht. Mit wenigen Klicks finden Sie es raus.

32 bit und **64 bit** sind Systemtypen. 64 bit hat mehr Leistung. Haben Sie so ein System, können Sie Programme in der 64-bit-Version benutzen, z. T. auch x 64 genannt.

WIE AUFSCHRAUBEN UND REINGUCKEN – NUR BESSER!

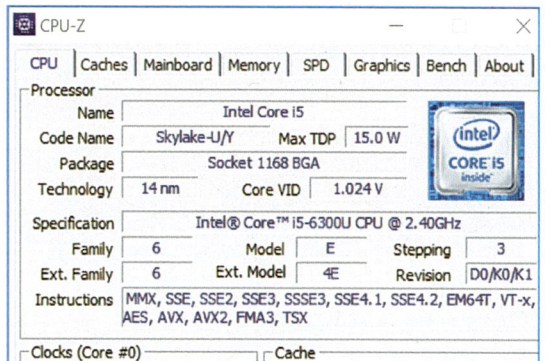

1. CPU-Z ist ein kleines Zusatztool, das Sie kostenlos im Internet herunterladen können, etwa von chip.de oder heise.de. Im Reiter CPU finden Sie weitere Details zu Ihrem Prozessor.

2. Im Reiter Memory können Sie erkennen, wie viel Speicher installiert ist, welche Frequenz dieser hat und welche Art Speicher verbaut ist. Hier ist es DDR 3.

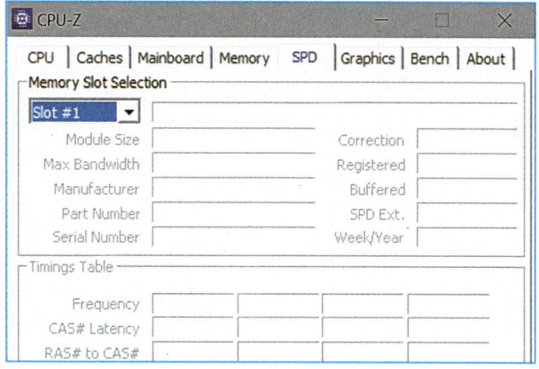

3. Im Reiter SPD finden Sie keine Partei, sondern wie viele Speicher-Steckplätze („Slots") in Ihrem PC installiert sind und wie diese aktuell belegt sind. Slots müssen immer gleich belegt sein!

4. Der Geräte-Manager ist ein in Windows vorinstalliertes Tool. Hier bekommen Sie einen allgemeinen Überblick über Ihren PC, die Zusatzgeräte und aktuelle Treiber (siehe S. 62).

FESTPLATTEN-FRÜHJAHRSPUTZ

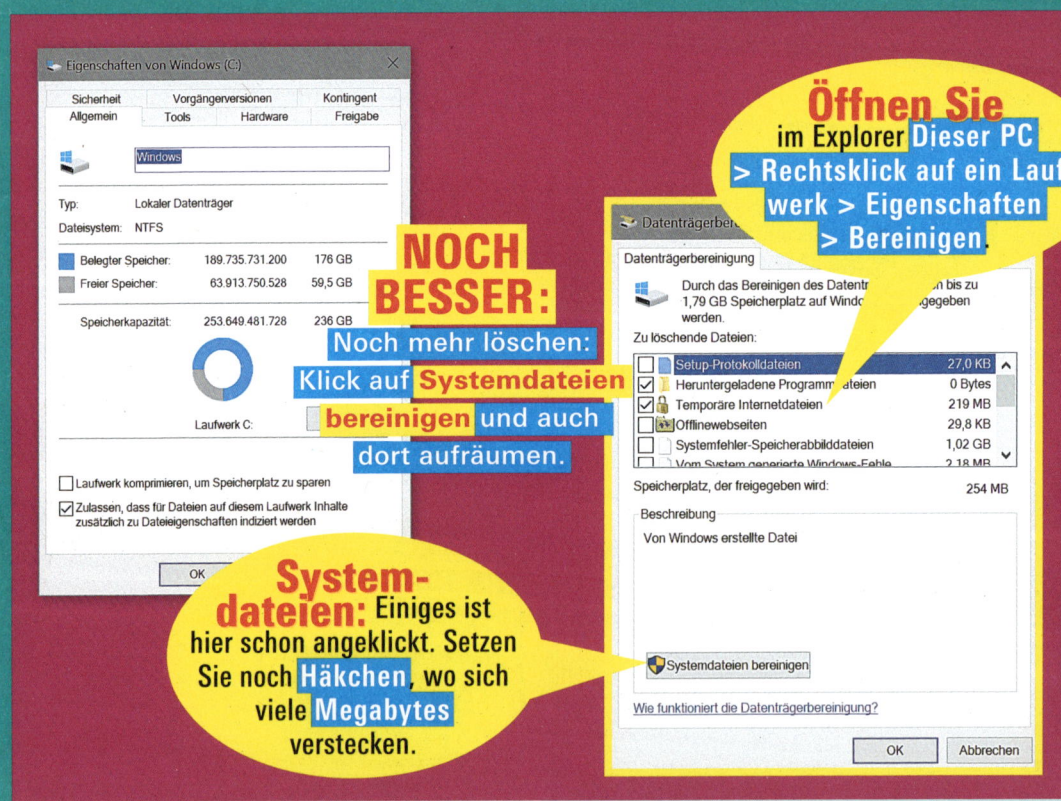

NOCH BESSER: Noch mehr löschen: Klick auf Systemdateien bereinigen und auch dort aufräumen.

Öffnen Sie im Explorer Dieser PC > Rechtsklick auf ein Laufwerk > Eigenschaften > Bereinigen.

Systemdateien: Einiges ist hier schon angeklickt. Setzen Sie noch Häkchen, wo sich viele Megabytes verstecken.

EXTERNE CLEANING-TOOLS können genau 2 Dinge: Geld kosten und Ihre Festplatte noch weiter vollmüllen. Um den PC von alten Datenresten zu säubern, müssen Sie nur einmal den Finger auf der Maus krumm machen: Klick.

Win + R > cleanmgr und Bestätigen führt Sie direkt zur Auswahl, welches Laufwerk bereinigt werden soll. Gibt es nur ein Laufwerk, geht's sofort los.

PROGRAMME DEINSTALLIEREN

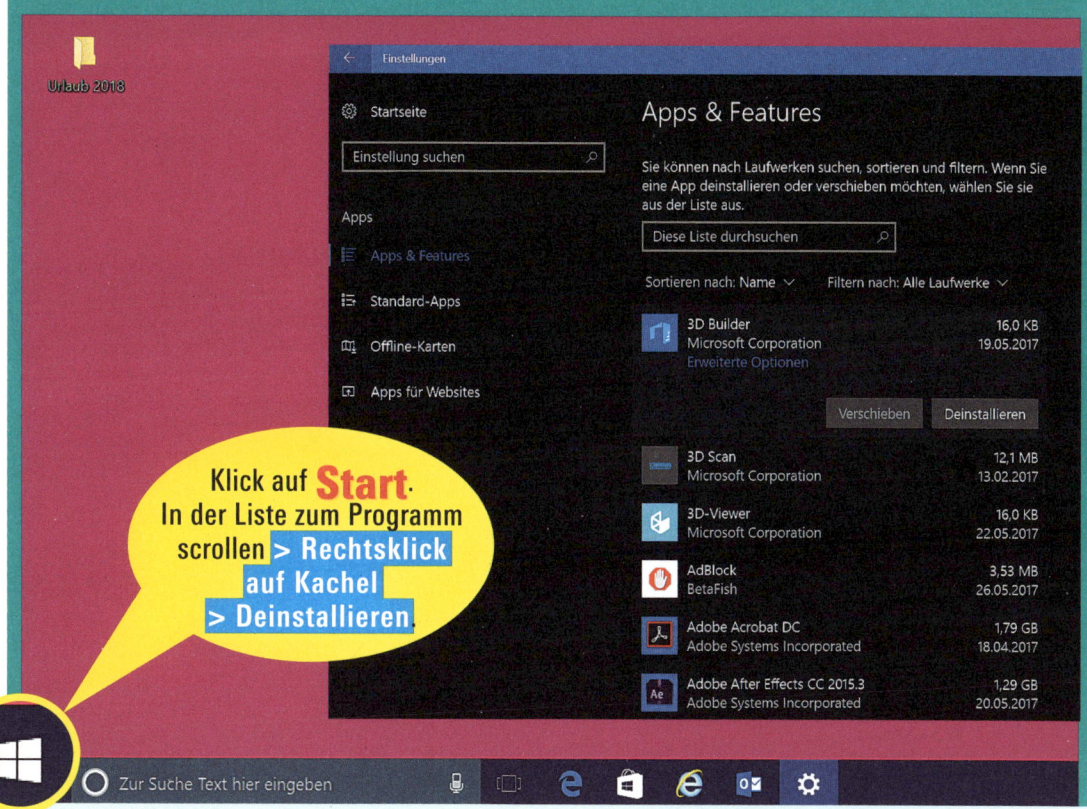

Klick auf **Start**. In der Liste zum Programm scrollen > **Rechtsklick auf Kachel** > **Deinstallieren**.

DEINSTALLIEREN GEHT IMMER – von systemrelevanten Apps mal abgesehen. Jedes installierte Programm raubt Ihnen wertvollen Festplattenplatz. Runter damit, wenn Sie es sowieso nicht benutzen oder ein besseres haben.

Unter Einstellungen > Apps > Apps & Features finden Sie die Liste all Ihrer installierten Programme. Ein Klick darauf zeigt den benötigten Speicher, z. B. nur 16,0 KB. Mit einem Klick auf Deinstallieren löschen Sie das Programm.

FESTPLATTEN DEFRAGMENTIEREN

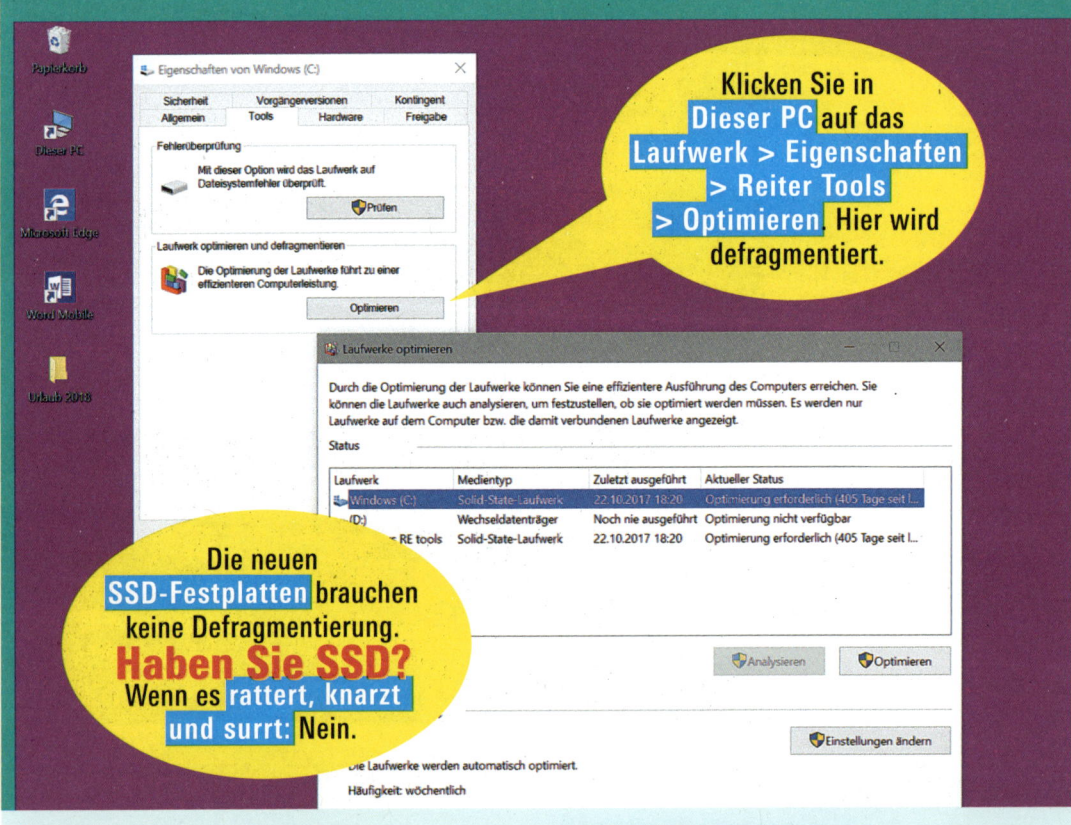

Klicken Sie in **Dieser PC** auf das **Laufwerk > Eigenschaften > Reiter Tools > Optimieren**. Hier wird defragmentiert.

Die neuen **SSD-Festplatten** brauchen keine Defragmentierung. **Haben Sie SSD?** Wenn es **rattert, knarzt und surrt**: Nein.

ÄLTERE HDD-FESTPLATTEN mögen Jenga: Alte Dateien werden irgendwo gelöscht, und statt Neues in diese Lücken zu schreiben, wird weiter am Ende draufgesetzt. Umkippen kann zwar nichts, aber stabil geht trotzdem anders.

Regelmäßiges Defragmentieren sortiert bei diesem Typ Festplatte den „wackeligen Turm" aus Datenblöcken wieder ordentlich und massiv an. Der Vorgang dauert, lohnt aber: Programme laufen danach wieder deutlich schneller!

FESTPLATTEN KOMPRIMIEREN

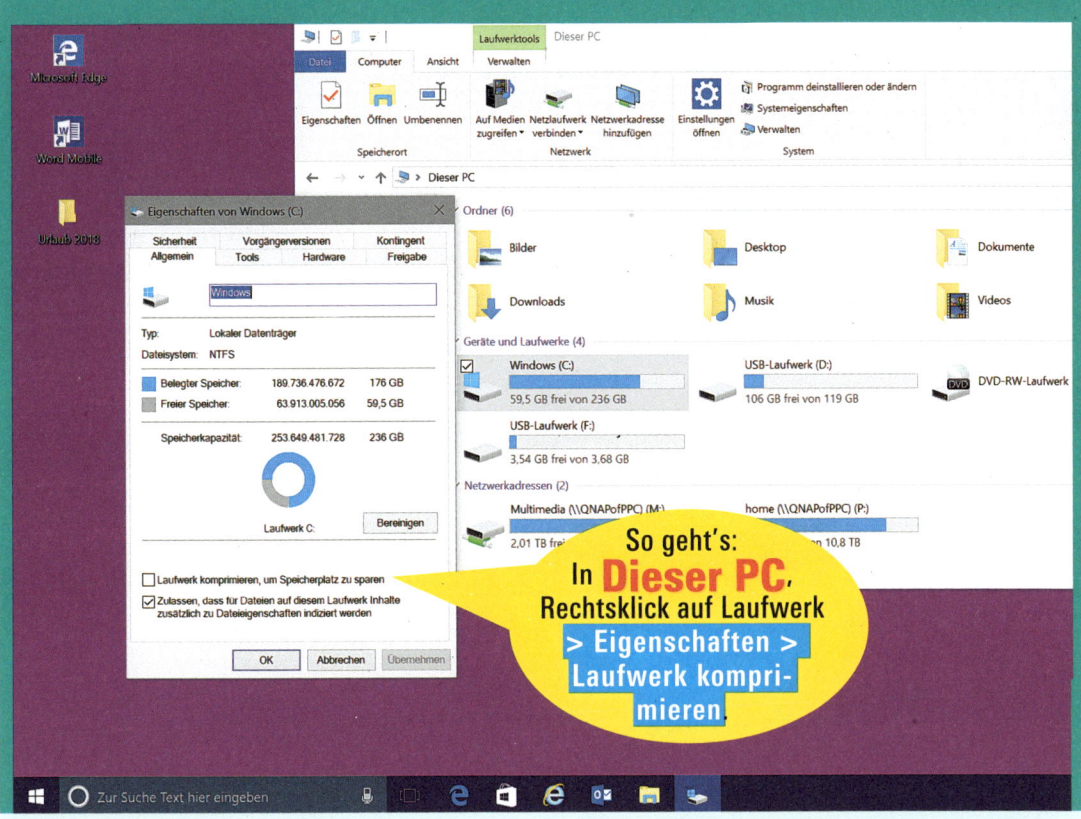

So geht's: In **Dieser PC**, Rechtsklick auf Laufwerk > Eigenschaften > Laufwerk komprimieren.

EIN GEFÜHL DER ENGE beschleicht Sie mit Blick auf den verbleibenden Speicherplatz? Neben dem System selbst tun Fotos, Programme und Dateien ihr Übriges. Der blaue Balken zeigt, wie voll ein Laufwerk ist. Komprimieren ist eine effektive Methode, um kurzfristig Platz zu schaffen. Daten werden ohne Inhaltsverlust verkleinert, der gewonnene Platz hängt aber stark von der Dateiart ab. Langfristig sind USB-Sticks oder neue/externe Festplatten sinnvoller.

FESTPLATTEN FORMATIEREN

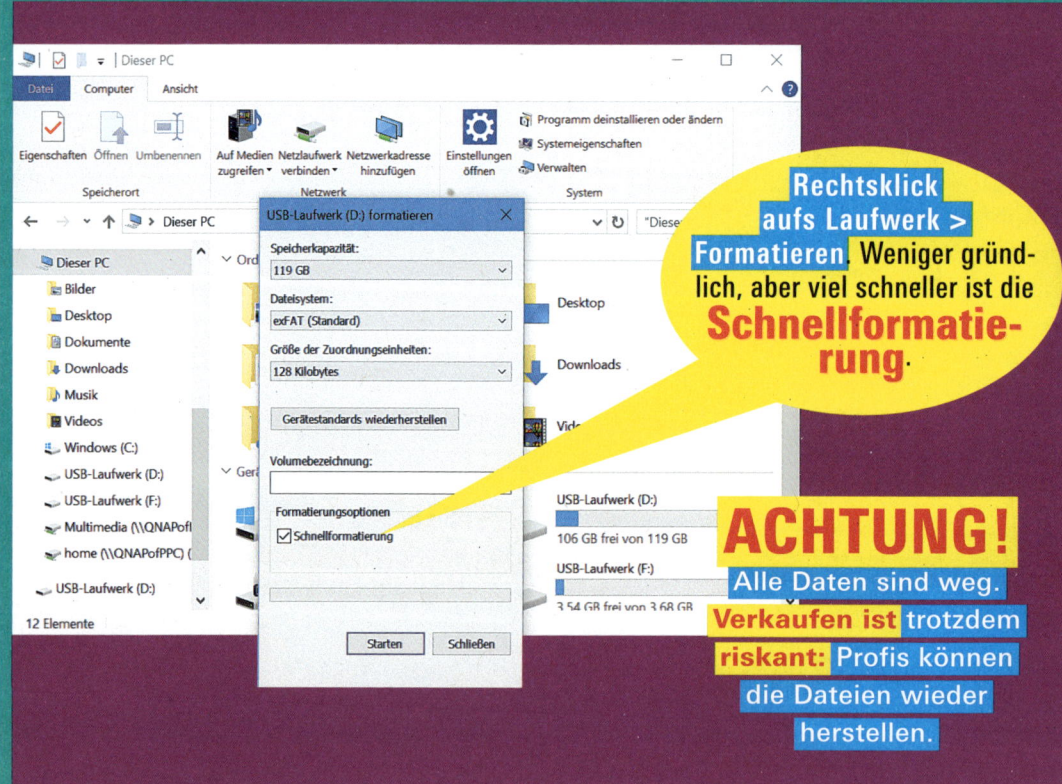

Rechtsklick aufs Laufwerk > Formatieren. Weniger gründlich, aber viel schneller ist die **Schnellformatierung**.

ACHTUNG! Alle Daten sind weg. **Verkaufen ist** trotzdem **riskant:** Profis können die Dateien wieder herstellen.

ALLES MUSS NEU? Wenn Sie Ihre Festplatte formatieren, ist sie wieder komplett leer. USB-Sticks und SD-Karten müssen sogar vor der ersten Benutzung formatiert werden. Dabei legen Sie auch das Dateisystem fest.

DATEISYSTEME klingen komplizierter, als sie sind. Sie brauchen nur 2: NTFS ist für neuere Windows-Versionen Standard. exFAT eignet sich für USB-Sticks und kann von Windows-PCs wie auch von Macs gelesen werden.

DER MANAGER ALLER TASKS

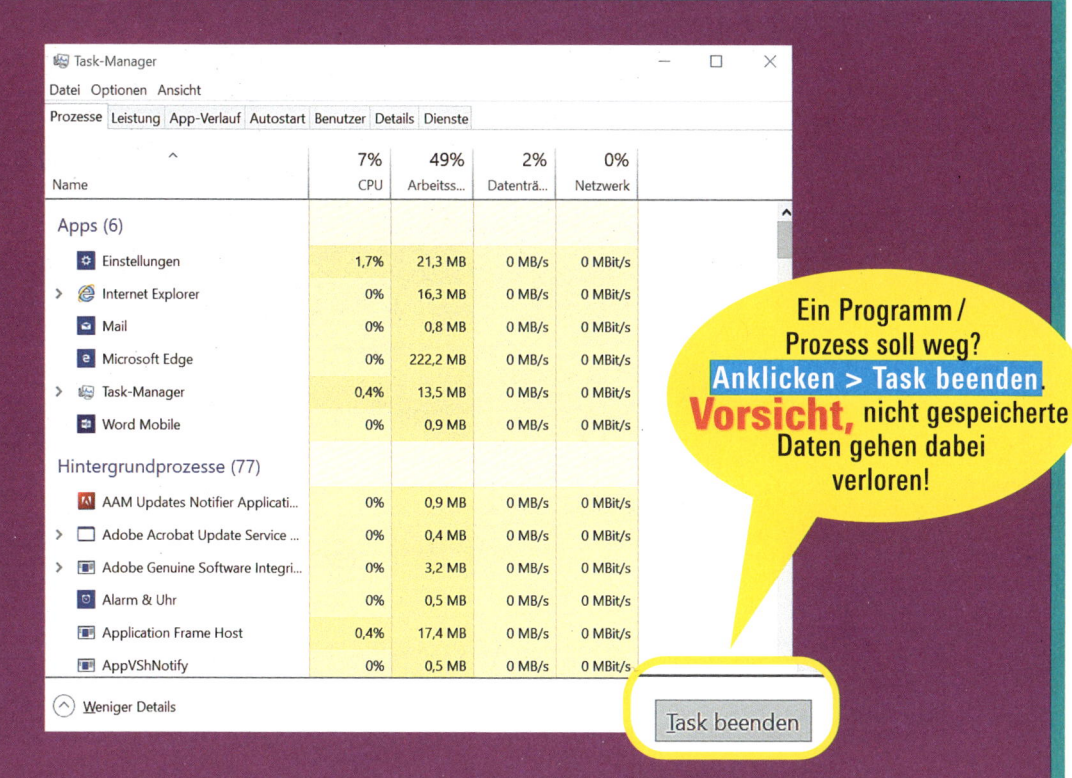

Ein Programm / Prozess soll weg? **Anklicken > Task beenden**. **Vorsicht,** nicht gespeicherte Daten gehen dabei verloren!

EINE SCHNECKE ist kein Vergleich zur Geschwindigkeit Ihres Computers? Der Task-Manager verrät, was die Leistung abgräbt. Hier sind alle laufenden Prozesse gelistet: **Rechtsklick auf Start > Task-Manager** und dann **Mehr Details**.

Strg + Shift + Esc ist der Task-Manager-Shortcut. In älteren Windows-Versionen war es **Strg + Alt + Entf**. In Windows 10 wird damit der PC gesperrt.

AUSFÜHREN, AUF KOMMANDO

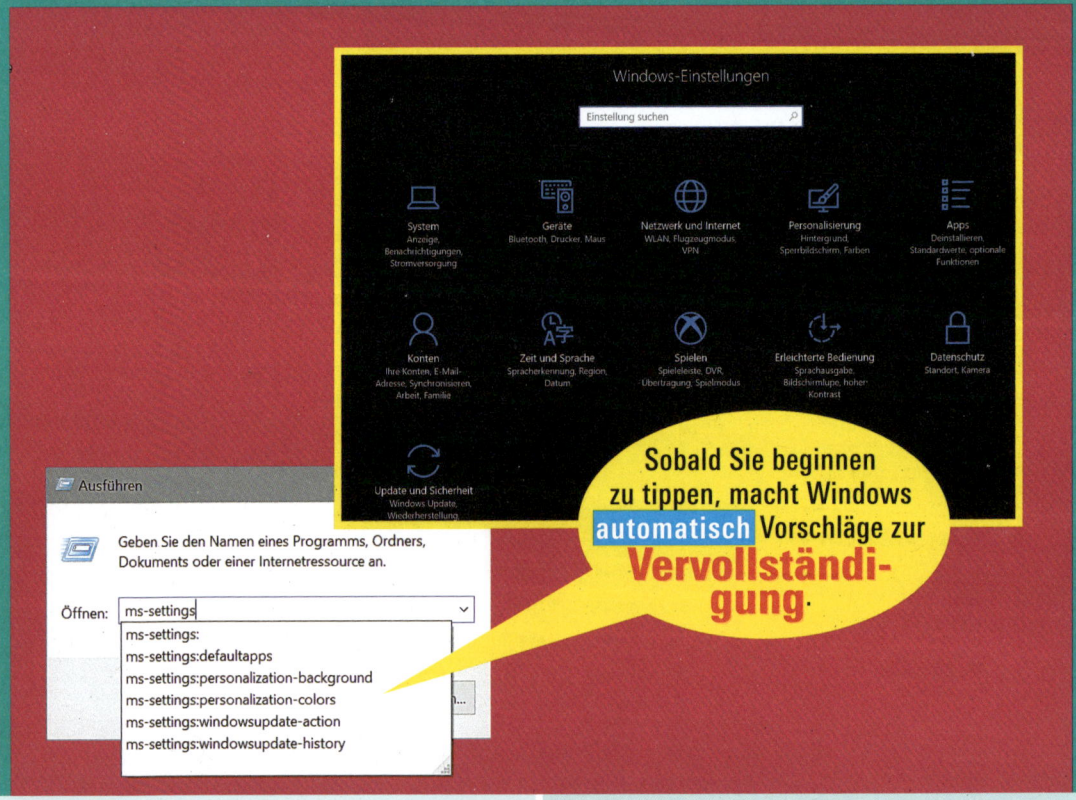

Sobald Sie beginnen zu tippen, macht Windows automatisch Vorschläge zur Vervollständigung.

DIE GEHEIMEN CODES sind nicht wirklich geheim. Aber es fühlt sich schon mächtig gut an, dem System zu sagen, was es machen soll. Einige Einstellungen lassen sich hierüber auch tatsächlich leichter finden.

Win + R öffnet den Ausführen-Dialog. Der Befehl ms-settings: öffnet z. B. die Windows-Einstellungen.

DIE BESTEN AUSFÜHREN-BEFEHLE

Mit Win + R öffnen Sie das Menü, mit OK bzw. Enter bestätigen Sie die Eingabe. Nach jedem ausgeführten Befehl müssen Sie das Menü neu starten.

■ shell:startup Öffnet die Liste der Programme, die beim Systemstart starten.

■ control Öffnet die Systemsteuerung.

■ cmd Öffnet die Eingabeaufforderung. Hier können Kommandozeilenbefehle eingegeben werden.

■ msconfig Öffnet die Microsoft-Konfigurationseinstellungen mit vielen Optionen.

■ osk Öffnet die Bildschirmtastatur, hilfreich bei Geräten mit Touchscreen, wenn keine Tastatur angeschlossen ist.

■ regedit Startet den Registry Editor, mit dem unendlich viele Systemeinstellungen vorgenommen werden können.

■ dxdiag Öffnet das DirectX-Diagnoseprogramm. Hilfreich, wenn Spiele Grafikfehler haben.

■ devmgmt.msc Öffnet den Gerätemanager, in dem Treiber und angeschlossene Geräte angezeigt werden.

■ diskmgmt.msc Startet die Datenträgerverwaltung, in der unter anderem die Aufteilung (Partitionierung) der Festplatte geändert werden kann.

■ eventvwr.msc Die Ergebnisanzeige gibt Aufschluss über Fehler, die in Windows aufgetreten sind, und kann Hinweise zu Problemlösungen geben.

■ services.msc Öffnet die Dienste-Übersicht, in der Dienste beendet und (neu) gestartet werden können.

■ inetcpl.cpl Öffnet direkt die Internetoptionen mit diversen Einstellmöglichkeiten.

■ winver.exe Gibt Auskunft über die installierte Windows-Version (inklusive der Buildnummer, also der Unterversion).

■ wscui.cpl Öffnet das Wartungscenter, in dem aktuelle Probleme im System und Lösungshinweise angezeigt werden.

■ msinfo32.exe Zeigt eine detaillierte Systemübersicht an.

■ cleanmgr Startet die Datenträgerbereinigung, die Platz auf Festplatten freigeben kann.

■ mrt Öffnet das Windows-Tool zum Entfernen bösartiger Software.

WAS SOLL ZUM START STARTEN?

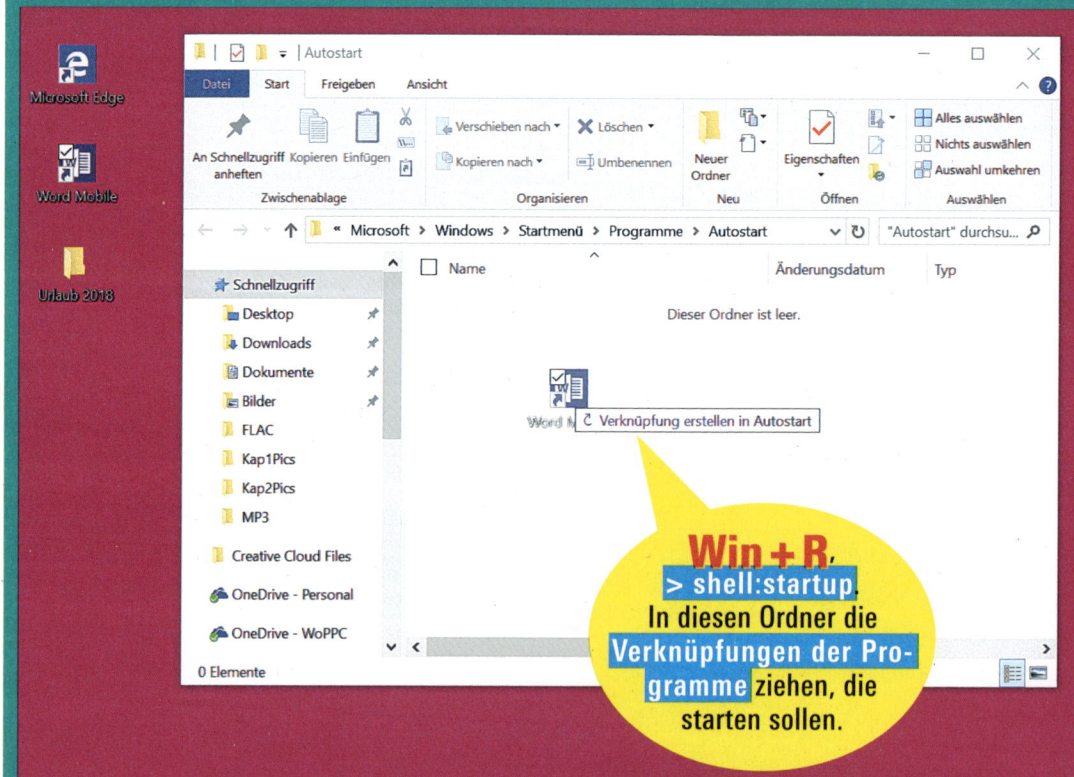

Win + R, > shell:startup. In diesen Ordner die Verknüpfungen der Programme ziehen, die starten sollen.

POWER, ALLES STARTET, LOS! Sie nutzen immer die gleichen Programme und schalten Sie jeden Morgen aufs Neue ein? Lassen Sie Windows für sich arbeiten. Windows-10-Nutzer tippen shell:startup in das Ausführen-Menü ein.

Nutzer von Windows 8 und älteren Versionen gehen über msconfig > Reiter Autostart. Nicht übertreiben mit der Bequemlichkeit: Je mehr Programme beim Hochfahren gestartet werden sollen, desto länger dauert die Startsequenz.

WAS SOLL ZUM START WARTEN?

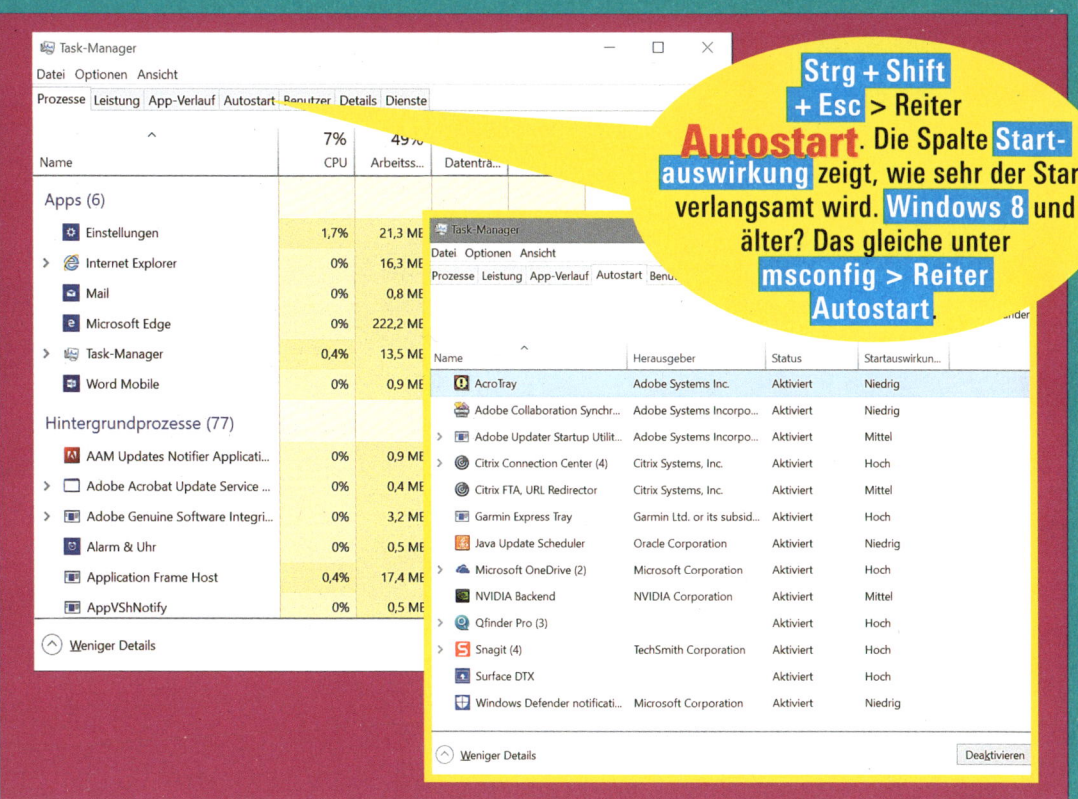

Strg + Shift + Esc > Reiter **Autostart**. Die Spalte **Startauswirkung** zeigt, wie sehr der Start verlangsamt wird. **Windows 8** und älter? Das gleiche unter **msconfig > Reiter Autostart**.

POWER, KAFFEE, WARTEN? Im Laufe eines Windows-Lebens sammelt sich ein Haufen Ballast an, der sich bei jedem Start aktiviert und für Verzögerungen sorgt. Misten Sie ihn aus, den digitalen Saustall! Die Programme werden nicht gelöscht, sie werden lediglich beim Einschalten nicht mehr aktiviert. Drittanbieter-Programme können bedenkenlos rausfliegen – **abgesehen vom Virenschutz**. Bei unbekannten Apps und Programmen hilft die Suche im Internet.

EIN LEBEN OHNE CORTANA

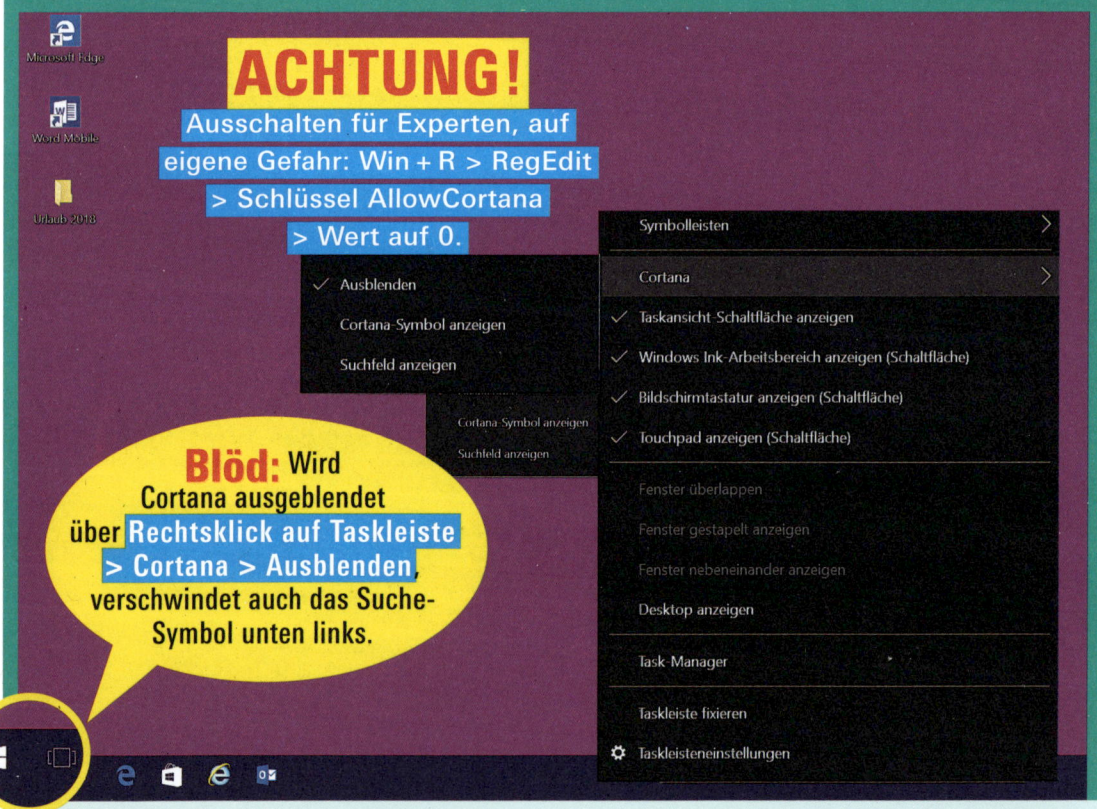

ACHTUNG! Ausschalten für Experten, auf eigene Gefahr: Win + R > RegEdit > Schlüssel AllowCortana > Wert auf 0.

Blöd: Wird Cortana ausgeblendet über Rechtsklick auf Taskleiste > Cortana > Ausblenden, verschwindet auch das Suche-Symbol unten links.

CORTANA WILL SIE kennenlernen, aber Sie wollen Cortana nicht kennenlernen? Pech gehabt, denn Windows mimt die hartnäckigen Kuppler. Im Ausblenden-Modus, ohne Suche-Symbol, werden Sie bald Ihren Fehler einsehen und das Feld reuig wieder einblenden. Eine komplette Deaktivierung von Cortana ist offiziell nicht mehr möglich (geht auf kompliziertem Wege aber trotzdem). Andererseits, die digitale Sprachassistentin kann auch ganz hilfreich sein.

EIN LEBEN MIT CORTANA – DIE BESTEN BEFEHLE

IN MICROSOFTS digitaler Sprachassistentin sind viele hilfreiche Funktionen integriert. Beginnen Sie nach der Einrichtung der Funktion Ihren Satz immer mit „Hey Cortana …", gefolgt von Ihrem Anliegen.
Mit „Vergiss es!" löschen Sie Ihren Anfrage und können die nächste starten.

GLEICHZEITIG VERSUCHT Microsoft, Cortana möglichst lebensecht wirken zu lassen. Die Dame hat einige lustige Antworten auf Lager und ist selten um einen Spruch verlegen. Nach und nach sollen laut Microsoft immer neue Antworten ins System eingepflegt werden. Probieren Sie's aus!

TOP 5 SINNVOLLE BEFEHLE

1. Termine: Erinnere mich in zwei Stunden: Kino. Neuer Termin am 23.12.2018: Geschenk kaufen. Welche Termine habe ich morgen? Stelle den Wecker auf morgen 6 Uhr 30. Erinnere mich an Milch, wenn ich zu Hause verlasse (dazu muss „zu Hause" definiert sein).

2. Wissen: Wie hoch ist der Eiffelturm? Wann haben sich die Beatles gegründet? Wie viele Einwohner hat Deutschland?

3. Alltagstaugliches: Wie spät ist es? Wie wird morgen das Wetter? Brauche ich heute einen Regenschirm? Finde einen Supermarkt/ eine Tankstelle/ein Restaurant in der Nähe. Was ist 21 mal 16?

4. PC-Verwaltung: Aktiviere Bluetooth. Spiele Musik. Nächster Song. Öffne Firefox.

5. PC-Organisation: Suche die Datei „Rechnung". Suche Bilder letzte Woche.

TOP 5 UNGEWÖHNLICHE BEFEHLE

1. Witze & Humor: Erzähl (noch) einen Witz. Erzähl einen Antiwitz.

2. Lieder & Geschichten: Sing ein Lied/ Gute-Nacht-Lied/Weihnachtslied. Erzähle mir eine Geschichte.

3. Konversation & Spaß: Wie alt bist du? Bist du hübsch? Schau mir in die Augen, Kleines. Ich will dich heiraten. Hast du Geschwister/Freunde/Eltern/Kinder? Was ist dein Lieblingstier? Wie findest du Windows? Gibt es Außerirdische?

4. Anspielungen & Zitate: Möge die Macht mit dir sein. Beam mich hoch, Scotty. Sprich klingonisch. Stein, Schere, Papier, Echse, Spock!

5. Spiele & Zufall: Kopf oder Zahl? Stein, Schere, Papier! Erzähl was Interessantes. Erzähl mir ein Rätsel. Was geht? Filmquiz!

DIE NEUEN EINSTELLUNGEN

Welche Option ist wo? Nutzen Sie das **Suchfeld**. Worte werden automatisch vervollständigt.

ALLE SCHRÄUBCHEN, an denen Sie im Windows-10-System drehen können, haben Sie im Übersichtsfenster der neuen Windows-Einstellungen im Blick. Wird das Fenster verkleinert, werden die großen Symbole zur Liste.

Win + I öffnet die neuen Einstellungen. Klappt auch über Info-Center > Alle Einstellungen bzw. Startmenü > Zahnrad.

DIE ALTE SYSTEMSTEUERUNG

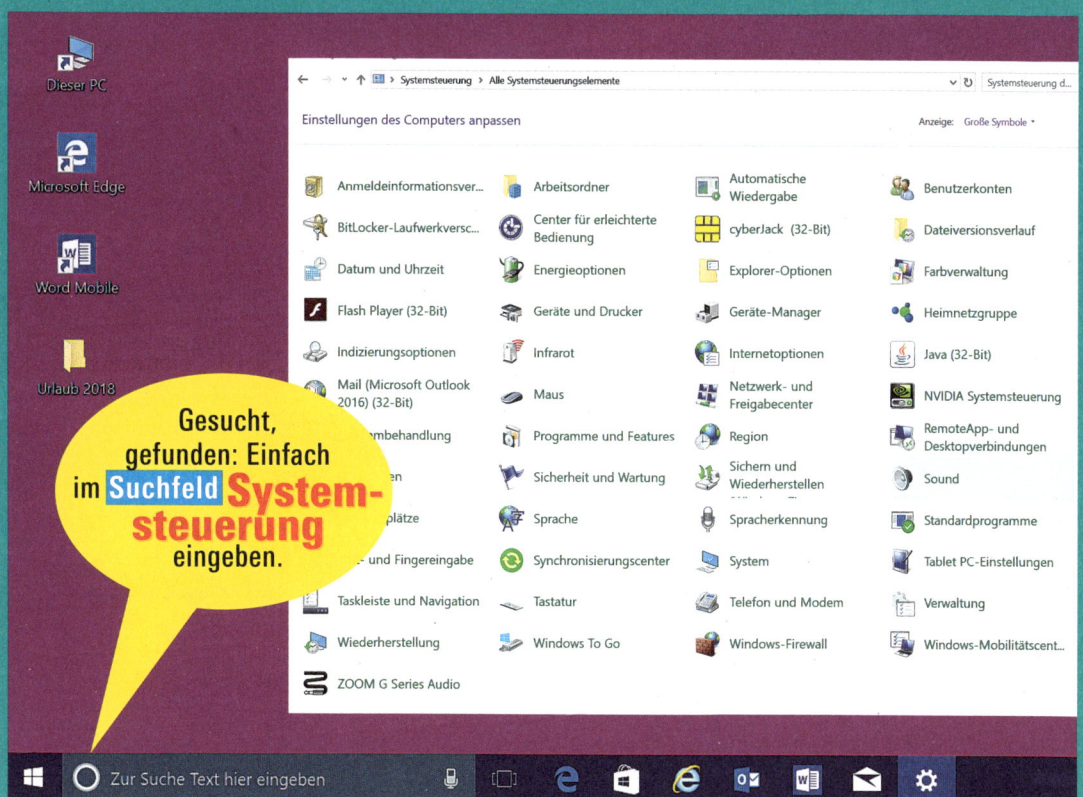

Gesucht, gefunden: Einfach im Suchfeld System-steuerung eingeben.

WINDOWS XP LEBT WEITER, zumindest ein bisschen. Microsoft ist nachgiebig, was Nostalgie und lieb gewonnene Orientierung angeht, und hat auch das alte Design der Systemsteuerung weiterhin an Bord.

SCHON GEWUSST? Unter Anzeige > Große Symbole bzw. Kleine Symbole können Sie Ansicht und Anzahl der Symbole ändern. Klappt schon seit 20 Jahren. Unter Windows XP hieß es noch Klassische Ansicht / Kategorieansicht.

DIGITALEN MÜLL ENTSORGEN

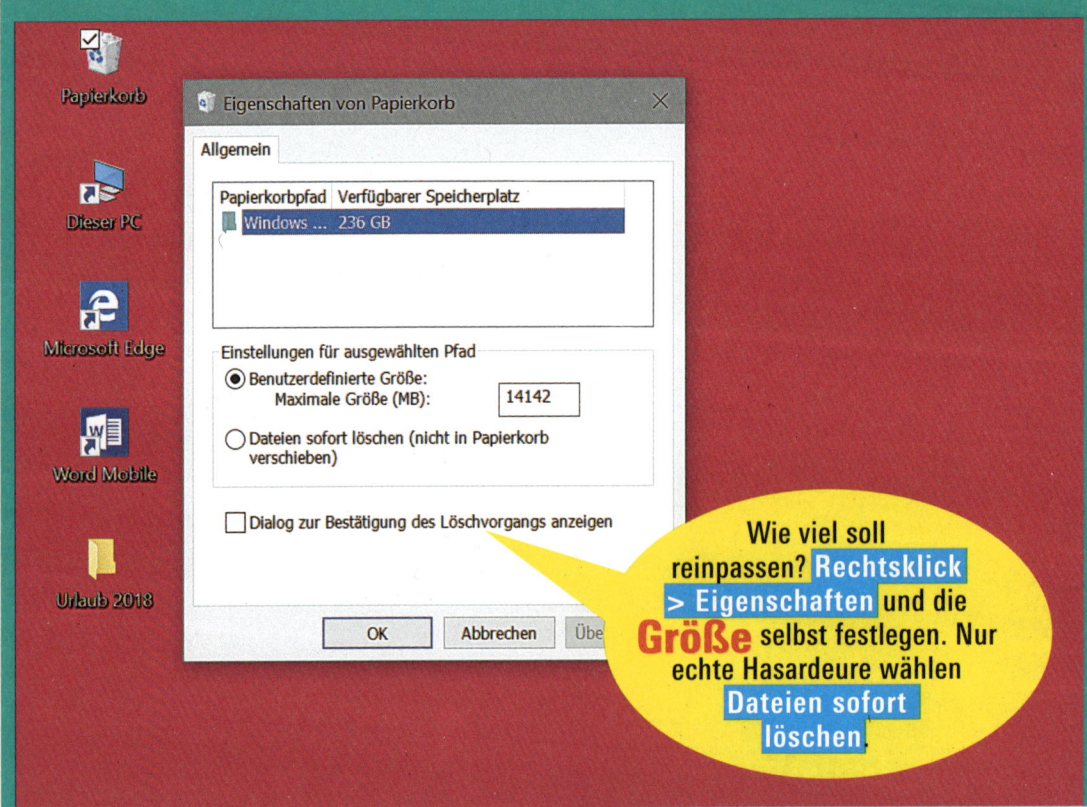

DEN MÜLL RUNTERBRINGEN müssen Sie sogar in Windows. Zum Glück aber nur digital. Alle gelöschten Dateien landen zunächst im Papierkorb – und so ein Netz mit doppeltem Boden kann manchmal ganz hilfreich sein.

Entf löscht markierte Dateien. Unter Rechtsklick auf Papierkorb > Eigenschaften gibt es die Option zur vorherigen Nachfrage.

MEHR SPEICHERPLATZ FREIGEBEN

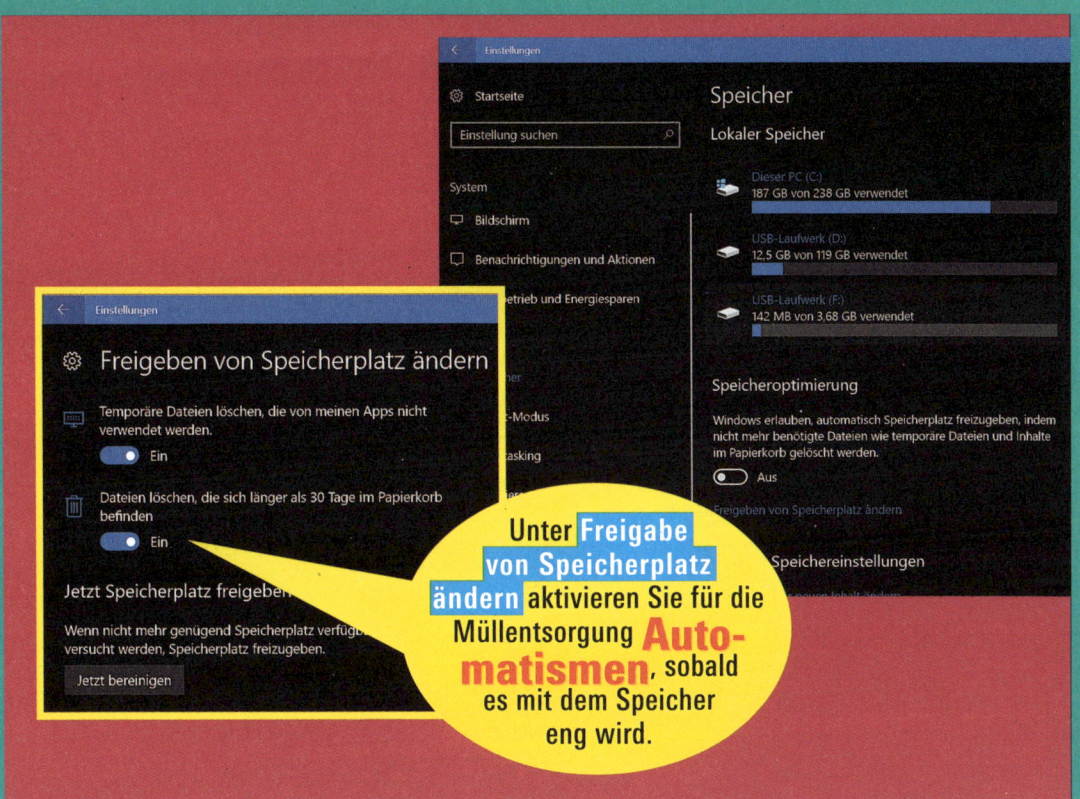

Unter **Freigabe von Speicherplatz ändern** aktivieren Sie für die Müllentsorgung **Automatismen**, sobald es mit dem Speicher eng wird.

WIE EIN ALTER SCHWAMM saugt sich Ihr System über die Zeit voll mit alten, unnützen Daten. Ballen Sie die Faust und quetschen Sie Ihr Windows bis auf den letzten Tropfen aus. Denn Speicher ist wertvoll, gerade auf Tablets.

Unter Einstellungen > System > Speicher sehen Sie den Speicherplatz pro Laufwerk. Ein Klick aufs Laufwerk führt zu mehr Details. Tippen Sie auf Temporäre Dateien und löschen Sie z. B. frühere Windows-Versionen und den Papierkorb.

EIN MANAGER FÜR ALLE GERÄTE

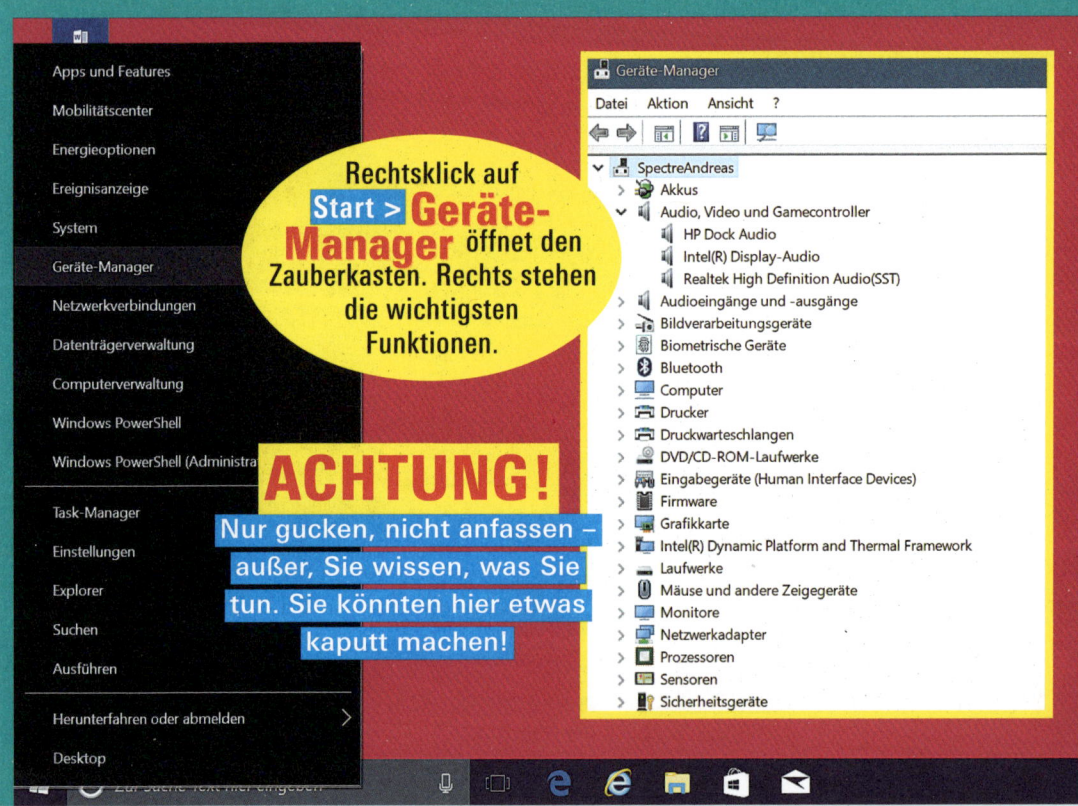

Rechtsklick auf Start > **Geräte-Manager** öffnet den Zauberkasten. Rechts stehen die wichtigsten Funktionen.

ACHTUNG! Nur gucken, nicht anfassen – außer, Sie wissen, was Sie tun. Sie könnten hier etwas kaputt machen!

INTERESSIERT ES SIE BRENNEND, wie Ihr Prozessor oder Ihre Grafikkarte mit Namen heißen? Nein? Die beiden nehmen es Ihnen nicht übel. Aber wenn es um Ersatz oder Leistung geht, hilft die Typenbezeichnung.

In der Übersicht des Geräte-Managers sind alle in Ihrem Rechner verwendeten Komponenten aufgelistet, sortiert nach Kategorien. Klicken Sie auf den kleinen Keil neben einer Kategorie, um die darin enthaltenen Geräte aufzuklappen.

DIE 5 BESTEN FUNKTIONEN DES GERÄTE-MANAGERS

Der Geräte-Manager ist ein ausgewachsenes Programm: Es gab ihn in fast unveränderter Form schon vor 20 Jahren, unter Windows 95. Wozu das Rad zweimal erfinden? Prost auf die nächsten 20!

Wer es wissen will, findet hier alle Details zum System. Diese Funktionen lassen den Geräte-Manager auch heute noch glänzen:

1. Hardwaredetails: Interessieren Sie Details der Hardware in Ihrem Rechner? Im Geräte-Manager können Sie sich z. B. den Hersteller und Typ Ihrer Grafikkarte per *Rechtsklick > Eigenschaften* anzeigen lassen. Damit finden Sie über Suchmaschinen im Internet eine Vielzahl von Informationen zu Leistung, aktuellen Treibern und Ersatzteilen.

2. Treiberdetails: Die kleinen Zusatzprogramme schreiben der Hardware vor, wie sie richtig zu funktionieren hat. Manchmal sind die Treiber aber nicht mehr aktuell oder funktionieren nicht richtig. Die Geräte sind dann oft mit einem kleinen Ausrufezeichen in der Liste gekennzeichnet. *Rechtsklick > Eigenschaften > Reiter Treiber > Treiberdetails* führt Sie zur aktuell installierten Treiberversion des Geräts. Vergleichen Sie sie mit der Versionsnummer auf der Herstellerseite.

3. Treiber aktualisieren: Zickt ein Gerät herum, könnte eine Treiberaktualisierung Abhilfe schaffen: *Rechtsklick auf den Eintrag des Geräts > Eigenschaften > Reiter Treiber > Treiber aktualisieren*. Ihr Windows sucht automatisch im Internet nach einem neuen Treiber und installiert ihn. Ist die aktuellste Version bereits installiert, bekommen Sie eine entsprechende Meldung.

4. Gerät deaktivieren: Bockt ein Gerät derart, dass es im schlimmsten Fall gar den Rest des Systems stört, klicken Sie *im selben Reiter > Gerät deaktivieren*, um es zumindest zeitweise auszuschalten. Manchmal hilft es sogar, es dann wieder zu aktivieren, damit es sich berappelt. Ansonsten ab zum PC-Doktor.

5. Gerät manuell installieren: Normalerweise funktioniert „Plug and Play", also „Einstecken und loslegen": Windows erkennt neue Hardware und installiert deren Treiber automatisch. Wird ein neues Gerät doch mal nicht automatisch erkannt, *Rechtsklick auf einen der Einträge > Nach geänderter Hardware suchen*. Windows durchsucht dann noch einmal alle Hardwaregeräte, ob nicht doch was Neues gefunden wird, das bisher nicht nicht aktiviert und nutzbar war.

STANDARD-APPS FESTLEGEN

Unter Einstellungen > Apps legen Sie die **Standard-Apps** fest: Foto anklicken und gewünschtes Programm bzw. App auswählen.

Detailliert & kompliziert: Für jeden Typ Datei separat Apps festlegen (bei Fotos etwa .bmp, .jpg, .png, .tif usw.).

JEDE DATEI KANN MIT MEHREREN Programmen und Apps geöffnet werden: Fotos z. B. mit der Foto-App, mit Paint usw. Ein Programm wird sich beim Doppelklick aber standardmäßig öffnen. Welches, das legen Sie fest.

Unter Einstellungen > Apps > Standard-Apps werden die Kategorien aufgelistet. Ein Klick etwa auf Fotos bietet eine Auswahl an Programmen, die Fotos öffnen. Ganz detailliert geht's unten bei Standard-Apps nach Dateityp auswählen.

DIE STANDARD-APP-ALTERNATIVE

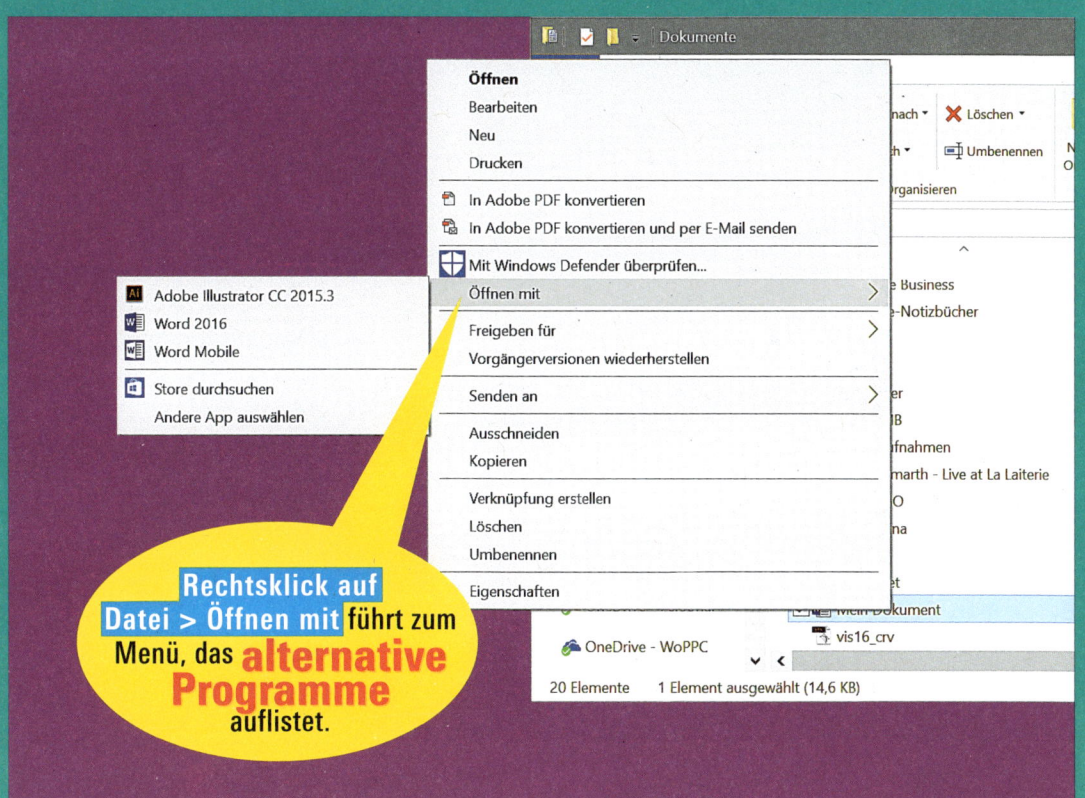

Rechtsklick auf Datei > Öffnen mit führt zum Menü, das **alternative Programme** auflistet.

SIE HABEN SICH VERWÄHLT? Oder wollen einmalig eine andere App verwenden? Soll ja vorkommen – dachte sich auch Windows und baute extra für Sie ein Hintertürchen ein, mit dem Sie fix dem Standard entkommen.

Ist das gewünschte Programm auch in dieser Liste nicht dabei? Dann gehen Sie in Windows selbst auf die Suche in der Ordnerstruktur: Klick auf Andere App auswählen > weitere Apps > Andere Apps auf diesem PC suchen.

DAS „RECHTSKLICK > SENDEN AN"-MENÜ ANPASSEN

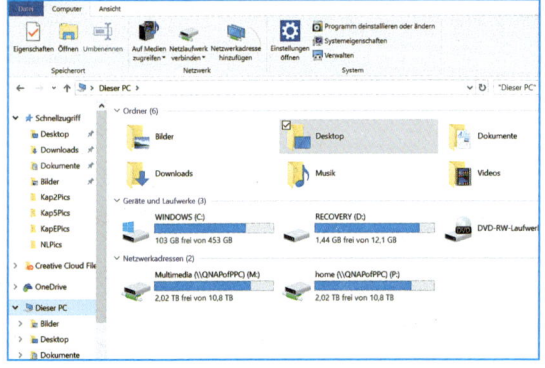

1. Per „Senden an" können Sie Dateien mailen, komprimieren und mehr. Einige Optionen nutzt man aber nie. Um die Liste anzupassen, öffnen Sie per *Win + E* ein neues Explorer-Fenster.

2. Geben Sie in der Adresszeile Ihres Explorer-Fensters den Befehl *Shell:SendTo* ein, um die Übersicht über die „Senden an"-Ziele zu öffnen.

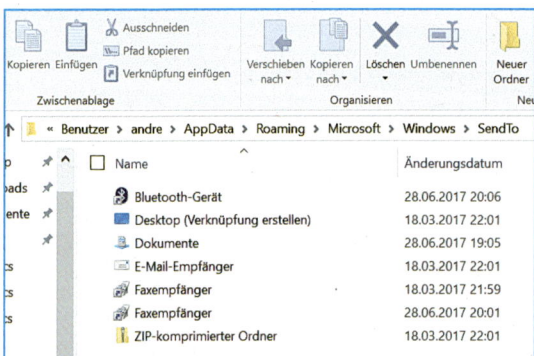

3. Hier sehen Sie alle bisher im Menü vorkommenden Ziele für „Senden an". Löschen Sie nicht benötigte oder fügen Sie z. B. einen Ordner wie Bilder hinzu, indem Sie ihn ins Fenster ziehen.

4. Spätestens nach einem Neustart Ihres Rechners finden Sie die neuen Ziele im Menü, die gelöschten nicht mehr. Passen Sie das Menü so an, wie Sie es für Ihre Arbeit brauchen!

DAS „RECHTSKLICK > NEU"-MENÜ ANPASSEN

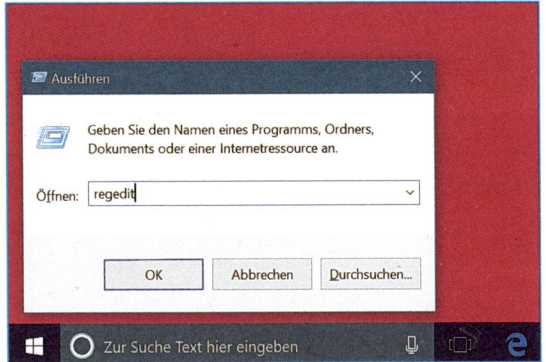

1. Per „Neu" erstellen Sie neue Dateien aller Art. Einige brauchen Sie vielleicht nie. Zum Anpassen der Liste müssten Sie aber am offenen Herzen Ihres PCs operieren, in der Registry.

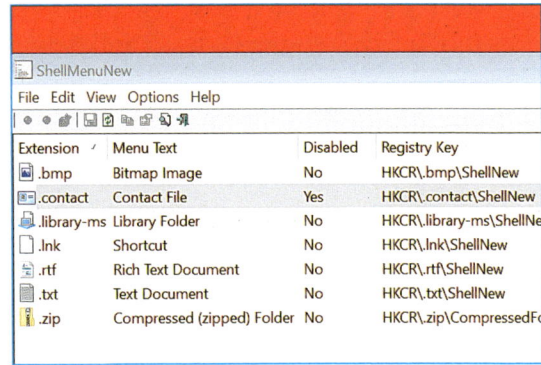

2. Einfacher geht's mit dem Gratisprogramm *shellmenuenew*. Laden Sie es herunter, es läuft ohne Installation. *Rechtsklick > Kompatibilitätsprobleme*, denn es sieht etwas unscharf aus.

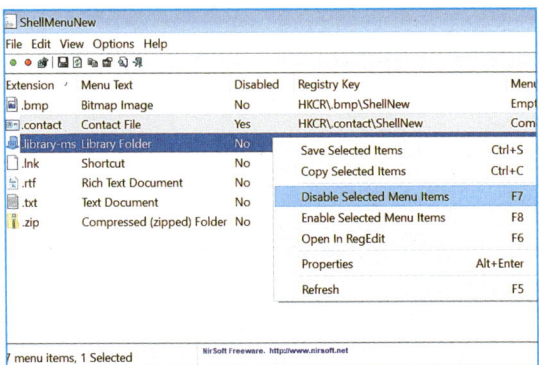

3. Soll ein „Neu"-Eintrag rausfliegen: *Rechtsklick > Disable Selected Menu Items*. Bei Interesse können Sie sich unter *Open In RegEdit* auch den Pfad in der Registry ansehen.

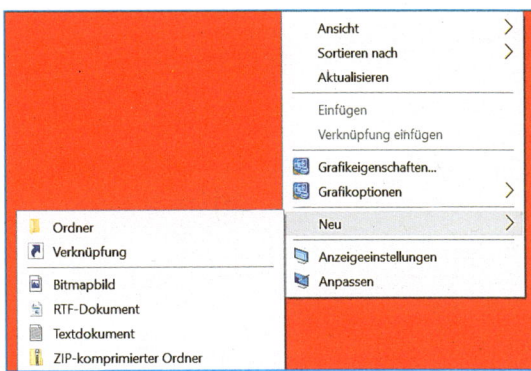

4. Der Eintrag ist weg. Auch im Programm shellmenuenew sehen Sie *Disabled: Yes*. Haben Sie sich vertan? Zurück zu Schritt 3 und Rechtsklick auf *Yes > Enable Selected Menu Items*.

SHORTCUTS OHNE FINGERKRAMPF

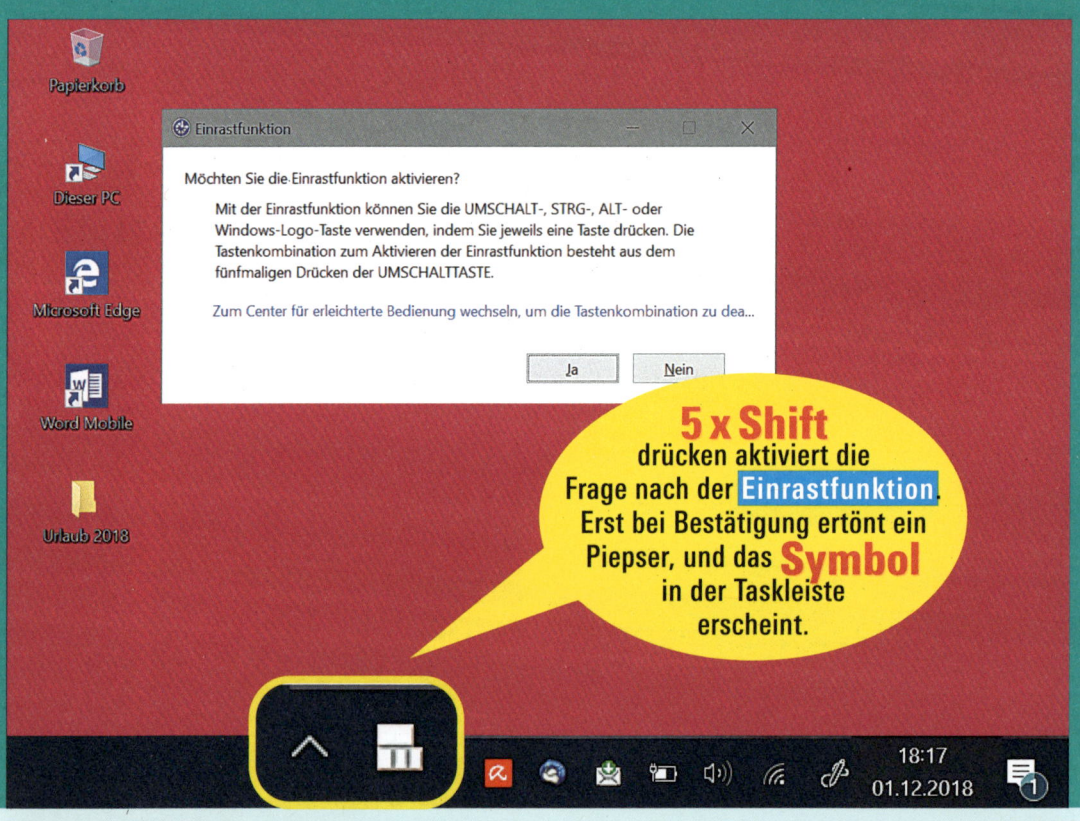

5 x Shift drücken aktiviert die Frage nach der Einrastfunktion. Erst bei Bestätigung ertönt ein Piepser, und das **Symbol** in der Taskleiste erscheint.

KOMPLIZIERTE SHORTCUTS sind schwer zu greifen: Nicht jeder kann seine Finger so verrenken. Die Einrastfunktion bietet dafür Hilfe: Ist sie aktiv, können Sie die Tasten komplexer Kombinationen wie Strg + Shift + Esc einzeln nacheinander drücken, mit gleichem Ergebnis. Sollten Sie nur aus Versehen 5x nacheinander Shift gedrückt haben, schließen Sie einfach das Dialogfenster. Wenn die Funktion aktiv ist, schalten Sie sie per erneutem 5xShift auch wieder aus.

ZWEITEN MONITOR NUTZEN

PROJIZIEREN

- Nur PC-Bildschirm
- Duplizieren
- Erweitern
- **Nur zweiter Bildschirm**

Mit drahtloser Anzeige verbinden

Win + P öffnet die Projizieren-Übersicht. Mit **P** wechseln Sie durch die Optionen.

Verwählt und Bildschirm schwarz? **Keine Sorge!** Wenn nichts angeschlossen ist, geht es automatisch auf Ihren Monitor zurück.

FOTOS, FILME, FUSSBALL – für besondere Momente im Leben braucht man einen größeren Bildschirm. Die Projizieren-Übersicht wurde für Notfälle dieser Art erschaffen. Ganz oben ist Ihr derzeitiger, viel zu kleiner Bildschirm eingestellt. Mit Duplizieren haben Sie ohne Nackenstarre alles im Blick, was auf dem Beamer läuft. Für breiteren Monitor wählen Sie Erweitern. Nur zweiter Bildschirm schaltet Ihren Monitor aus. Sinnvoll, wenn der andere höher auflöst.

HAUPTBILDSCHIRM FESTLEGEN

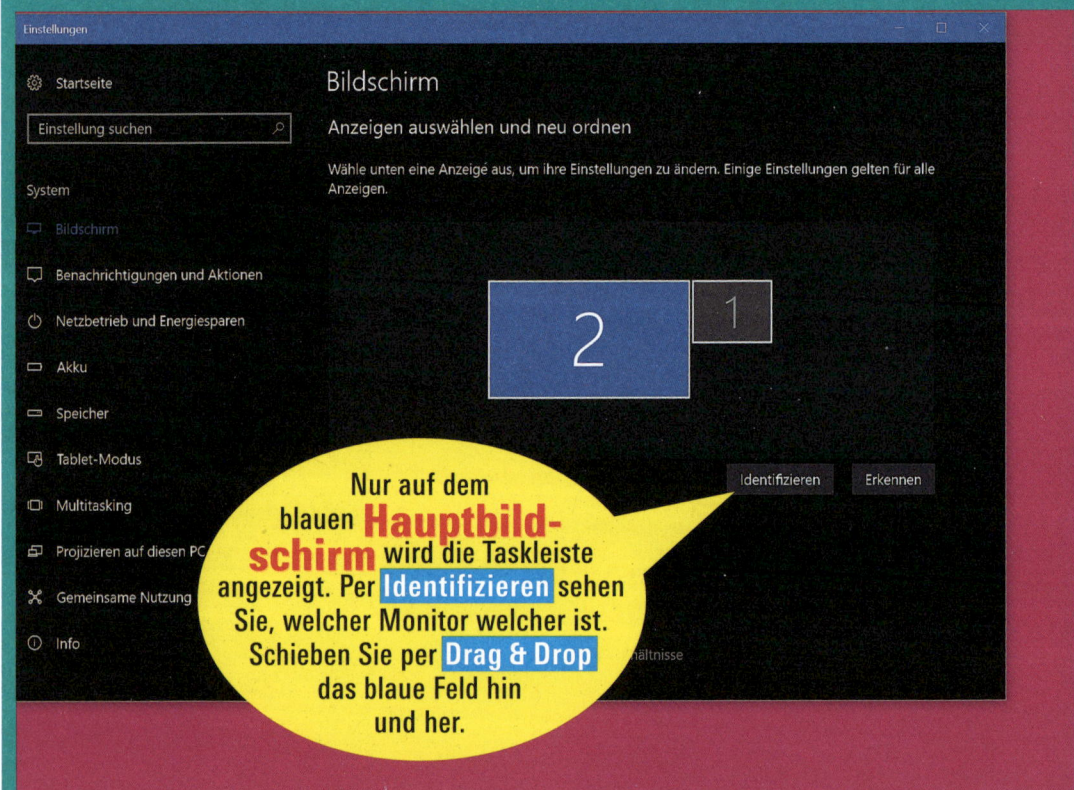

Nur auf dem blauen **Hauptbildschirm** wird die Taskleiste angezeigt. Per Identifizieren sehen Sie, welcher Monitor welcher ist. Schieben Sie per Drag & Drop das blaue Feld hin und her.

WER ZWEI BILDSCHIRME NUTZT, wischt mit dem Mauszeiger nahtlos von einem Monitor in den anderen. Der Hauptbildschirm sollte derjenige Monitor sein, vor dem Sie direkt sitzen. Sie legen ihn fest unter Einstellungen > System > Bildschirm. Die Option sehen Sie nur, wenn Sie zwei Monitore angeschlossen haben. Hier stellen Sie auch die Übergangsrichtung ein – damit die Maus nicht auf der falschen Seite in den zweiten Bildschirm hineinfährt.

KLEINE SCHRIFT GANZ GROSS

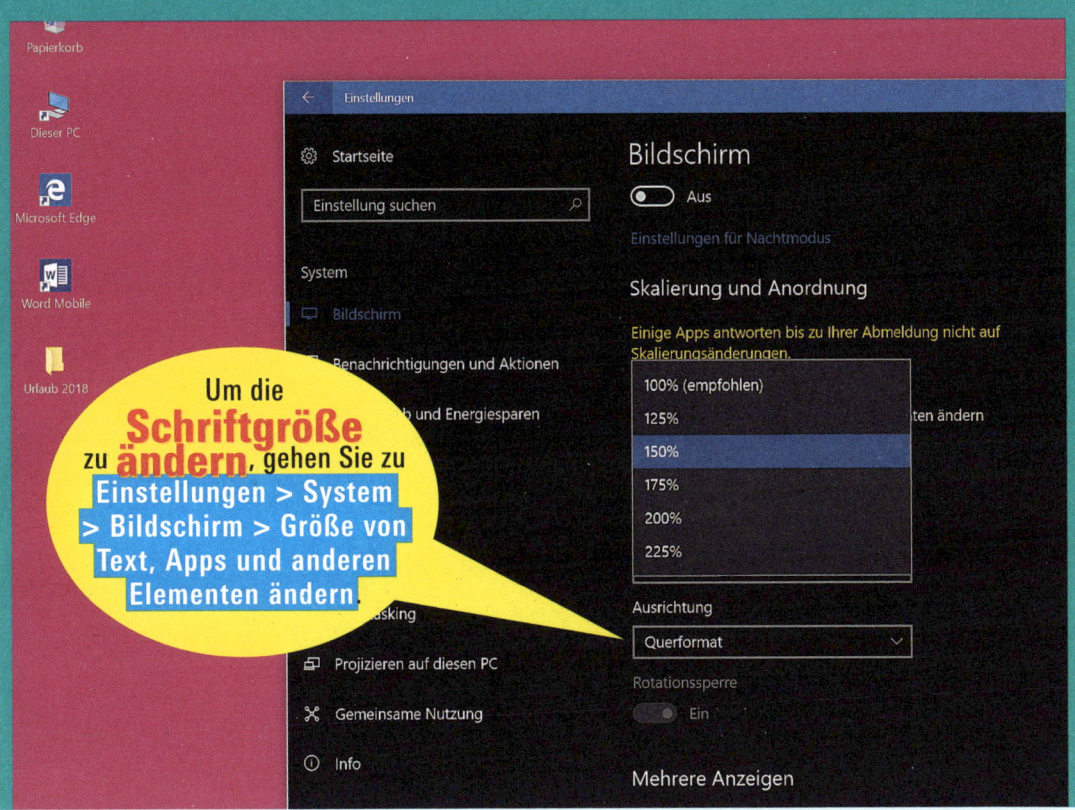

Um die **Schriftgröße** zu **ändern**, gehen Sie zu Einstellungen > System > Bildschirm > Größe von Text, Apps und anderen Elementen ändern.

GROSSER BILDSCHIRM, kleine Schrift? Die hohe Auflösung ist schuld! Symbole zu vergrößern geht zwar einfach per Strg + Scrollen, für die Schrift müssen Sie aber in die Einstellungen gehen. In System > Bildschirm haben Sie in einer Liste die Wahl zwischen 100 – 225 %. Einmal angeklickt, tritt die Änderung sofort in Kraft. Probieren Sie ruhig etwas herum. Wollen Sie zum Ausgangspunkt zurückkehren: Die empfohlene Prozentangabe ist Voreinstellung.

DRUCKER ANSCHLIESSEN

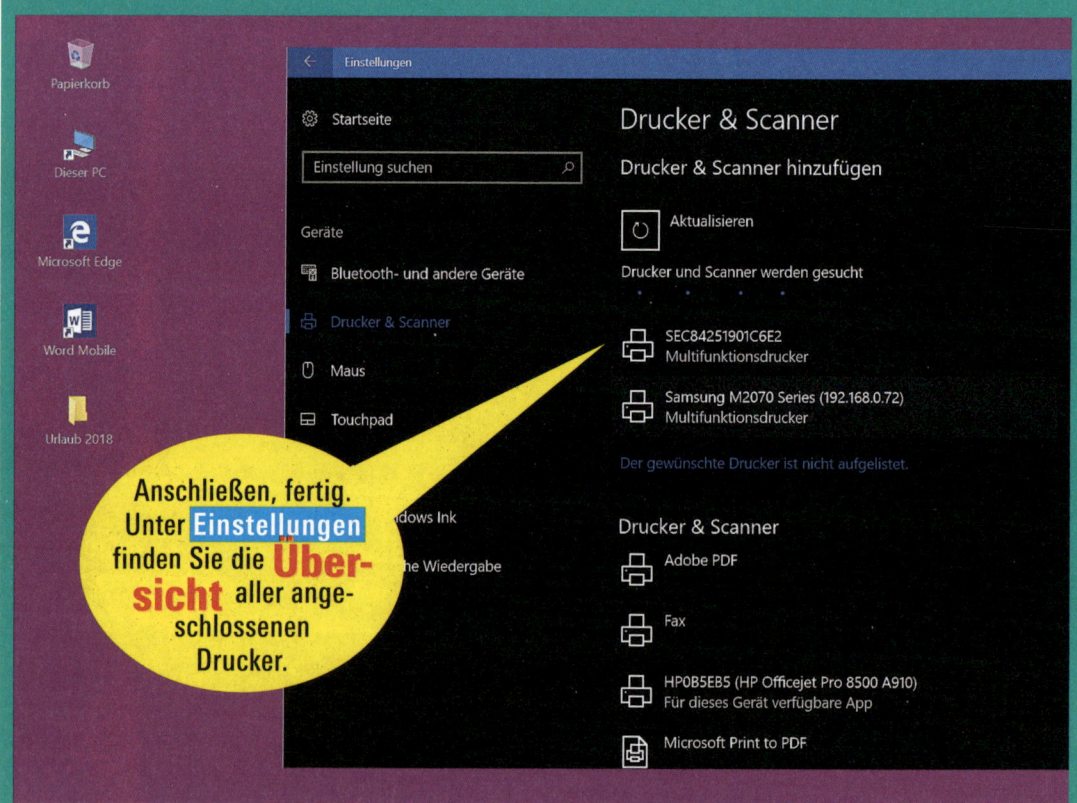

Anschließen, fertig. Unter **Einstellungen** finden Sie die **Übersicht** aller angeschlossenen Drucker.

DA IST KEIN TRICK DABEI: Schließen Sie Ihren Drucker einfach an den PC an – fertig. Klappt es doch nicht auf Anhieb oder möchten Sie zwischen verschiedenen Druckern wechseln? Unter Einstellungen > Geräte > Drucker und Scanner > Drucker oder Scanner hinzufügen zeigt Windows alle Geräte im Netzwerk. Klicken Sie Ihres an und wählen Sie Verbinden bzw. Gerät hinzufügen für ein neues Gerät. Die Druckertreiber laden und installieren sich automatisch.

ALTEN DRUCKER ANSCHLIESSEN

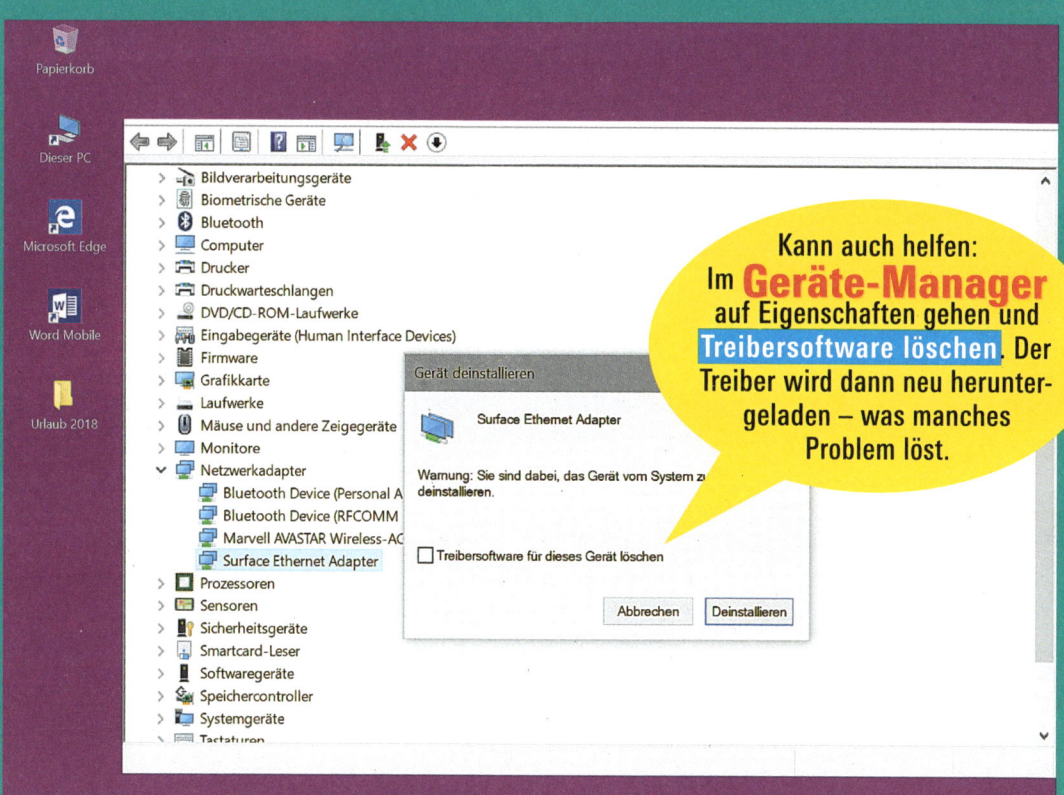

Kann auch helfen: Im **Geräte-Manager** auf Eigenschaften gehen und Treibersoftware löschen. Der Treiber wird dann neu heruntergeladen – was manches Problem löst.

OHNE SUPPORT FÜR WINDOWS 10 kein Treiber, ohne Treiber kein Drucker. Das Aus fürs treue Gerät? Da geht noch was! Prüfen Sie zuerst unter Einstellungen > System > Info, ob Sie ein 32- oder 64-bit-System haben. Jetzt laden und installieren Sie vom Druckerhersteller den Treiber für die höchste angebotene Windows-Version, etwa Windows 8 – entsprechend in 32 oder 64 bit. Neuer Versuch: Einstellungen > Geräte > Drucker und Scanner: Wurde er erkannt?

EXTRA: DIE TOP 10 DATENSCHUTZEINSTELLUNGEN

Windows 10 geriet bei seiner Einführung ins Visier der Datenschützer: Viele kritische Einstellungen waren von Haus aus erst einmal aktiviert.

Immerhin – Sie können sie manuell ausschalten. Gehen Sie zu *Einstellungen > Datenschutz* für eine Übersicht.

1. Unter Allgemein sollten Sie die Werbe-ID ausschalten, um keine personalisierte Werbung angezeigt zu bekommen.

2. Unter Position können Sie den Positionsdienst ausschalten, damit Ihr Gerät nicht geortet werden kann und damit Ihre Position geheim bleibt. Anwendungen, die die Position benötigen, funktionieren dann nicht mehr.

3. Unter Kamera können Sie Apps ganz gezielt die Verwendung der Kameras Ihres Gerätes erlauben oder verbieten. Erlauben Sie es nur den Apps, die die Kamera wirklich brauchen!

4. Für Mikrofon gilt das Gleiche. Keine App, die keine Verwendung dafür hat, sollte über Ihr Mikrofon bei Ihnen „hineinhören" können!

5. Benachrichtigungen sind toll, sie sind aber beispielsweise auch sichtbar, wenn Sie etwas am Fernseher präsentieren. Schalten Sie in einem solchen Fall die Benachrichtigungen aus und später wieder ein.

6. Spracherkennung, Freihand und Eingabe sind in Windows 10 integriert, zum Beispiel über Cortana bzw. Windows Ink. Deaktivieren Sie diese Funktion, um Sprach- oder Stifteingaben und Wörterbücher zu löschen.

7. Apps können im Standard auf Ihren Namen, Ihr Bild und Kontoinformationen zugreifen. Wenn Sie nicht identifiziert werden möchten, dann schalten Sie das aus.

8. Ihre Kontakte, Ihr Kalender, die Anrufliste, E-Mails, Aufgaben und Nachrichten gehören Ihnen. Wenn, dann sollten nur ausgewählte Apps darauf Zugriff haben.

9. Der Funkempfang mag für bestimmte Apps wichtig sein. Im Standard können einige Apps aber selbstständig WLAN und Bluetooth aktivieren. Das sollten Sie deaktivieren und manuell erledigen.

10. Feedback und Diagnose ist für Microsoft wichtig, um Fehler zu analysieren. Meist reicht aber die einfache Variante, in der nur wenig Informationen automatisch übermittelt werden.

Übersicht: Die besten System-Shortcuts

Win + R	Öffnet den Ausführen-Dialog.
Strg + Shift + Esc	Öffnet den Task-Manager.
Strg + Alt + Entf	Ruft Menü auf, um den PC zu sperren, den Benutzer zu wechseln, den aktuellen Benutzer abzumelden, den PC herunterzufahren oder den Task-Manager zu öffnen. Mit Esc verlassen Sie das Menü. In älteren Windows-Versionen führt der Shortcut direkt zum Task-Manager.
Win + I	Öffnet die Windows-Einstellungen.
Win + Pause	Öffnet die Systemübersicht.
5 x Shift	Aktiviert die Einrastfunktion, um Tastenkombinationen nacheinander eingeben zu können.
Win + P	Öffnet die Projizieren-Übersicht.
Win + X	Öffnet das Taskleisten-Menü.

DIE BROWSER BENUTZEN

67 Supertricks zu:

Browseralternativen, Lesezeichen & Favoriten, Standard-Browser, Browserdatenschutz, Suchmaschinen, Webseitendarstellung, Startseiten, Tabs & Registerkarten, Navigation, Links öffnen, Adressfelder, Scrollen, Begriffe & Bilder, Downloadübersicht und Privatsphäre.

SUPERTRICKS IN DEN BROWSERN

„Ich bin drin", hieß es Ende der Neunziger in der Werbung. 20 Jahre später würden viele Nutzer eher Bescheid sagen, falls Sie einmal kurz „draußen" sind, also offline.

Aber nicht nur die Arbeitsweisen und der Internetkonsum haben sich in den vergangenen Jahren massiv geändert, auch die Browser bekommen immer wieder neue Funktionen.

BEREITS AN BORD: Microsoft Edge und der Internet Explorer

Über Jahre oder Jahrzehnte hinweg war für Windows-Anwender das Symbol mit dem geschwungenen kleinen e das Markenzeichen fürs World Wide Web: der Internet Explorer.

Eine wachsende Zahl an alternativen Browsern überholte irgendwann den Funktionsumfang des Internet Explorers, und so wollte Microsoft mit Windows 10 einen neuen Weg gehen. Der Browser Microsoft Edge ist hier der neue Systemstandard. Er passt sich deutlich mehr dem Touch-freundlichen Aussehen von Windows 10 an und bietet im Hinblick auf die Sicherheit einige Vorteile.

Nichtsdestotrotz ist der „alte" Internet Explorer nicht komplett verschwunden: Bei einigen älteren Webseiten gibt es, bedingt durch veraltete Technologien, Darstellungsprobleme in Microsoft Edge. Aus diesem Grund können Sie bei jeder Webseite aus Microsoft Edge mit einem Klick auf „Im Internet Explorer darstellen" in den alten Browser wechseln.

Die feste Integration des Microsoft-Browsers in das Betriebssystem führte vor einigen Jahren dazu, dass die Anbieter alternativer Browser sich benachteiligt fühlten. Vor Gericht erreichten sie, dass die Anwender eine Auswahl haben müssen, welchen Browser sie im Standard installieren und verwenden möchten.

ALTERNATIV ZUM DOWNLOAD: Mozilla Firefox und Google Chrome

Nur weil etwas Standard ist, muss es nicht automatisch die beste Wahl sein. Neben Microsoft Edge und dem Internet Explorer können Sie auch Alternativen zum Surfen benutzen. Am bekanntesten sind sicherlich Firefox von Mozilla sowie Chrome, der von Google entwickelt wurde. Diese Hersteller haben natürlich das Rad nicht neu erfunden, schaffen aber durchaus ein anderes Surfgefühl. Beide bieten interessante Zusatzfunktionen an, sodass es sich lohnt, diese einfach einmal auszuprobieren.

Keine Sorge: Wenn Sie sich einmal entscheiden, von einem zum anderen Browser zu wechseln, gehen Ihnen all Ihre gesammelten Informationen nicht verloren. Alle Browser bieten meist schon während der Installation auf Ihrem Rechner an, die Lesezeichen bzw. Favoriten aus dem vorherigen Browser Ihrer Wahl zu übernehmen. Sie können diese Listen auch manuell in eine Datei exportieren, abspeichern und in den jeweils anderen Browser importieren.

Oder wollen Sie die Seite selbst erkunden? Ob Sie nun das Mausrad, das Touchpad Ihres Notebooks, die Wischgeste am Touchpad oder verschiedene Shortcuts auf der Tastatur benutzen, es gibt verschiedene Wege, sich durch die Informationen einer Webseite zu bewegen. Selbst für das lästige Ausfüllen der Eingabefelder eines Webformulars – wie es Ihnen bei der Eingabe der Lieferadresse einer Online-Bestellung immer wieder über den Weg laufen wird – gibt es Tricks, mit denen Sie in den Feldern vor und zurück springen, statt jedes Mal mühsam die Maus zu benutzen. Sie müssen nur wissen, wie!

KOMFORT-SURFEN: Mehr Funktionen als nur Seiten aufrufen

Ein Browser bringt Sie längst nicht mehr nur einfach ins Internet. Er leistet noch eine Menge mehr: So können Sie etwa Ihre Lieblingswebseiten als Favoriten ablegen, mehrere Seiten in verschiedenen Tabs öffnen und bequem per Shortcut zwischen den Tabs hin und her springen oder einen Tab als neue Browserseite vereinzeln.

Internetseiten sind oft umfangreich und unübersichtlich, die gesuchte Information findet sich selten direkt ganz oben auf der Seite. Soll es ein ganz bestimmter Begriff sein? Dazu bietet jeder Browser per Strg + F die Möglichkeit der Suche nach Schlüsselwörtern auf der angezeigten Webseite.

IHRE PRIVATSPHÄRE

SIE MÜSSEN NICHT all Ihre Spuren im Internet hinterlassen. Alle Browser bieten die Option, Webseiten mitzuteilen, Ihre Aktivitäten nicht zu verfolgen. Außerdem können Sie in allen Browsern einen InPrivate-, Privacy- bzw. Inkognito-Modus aktivieren, bei dem Ihre Browserhistorie nicht gespeichert und alle zwischengespeicherten Daten nach Beendigung des Programms gelöscht werden. Aber wer weiß schon, was Browser wie Edge und Chrome, entwickelt von den Firmen Microsoft bzw. Google, noch so senden?

NOCH MEHR BROWSER

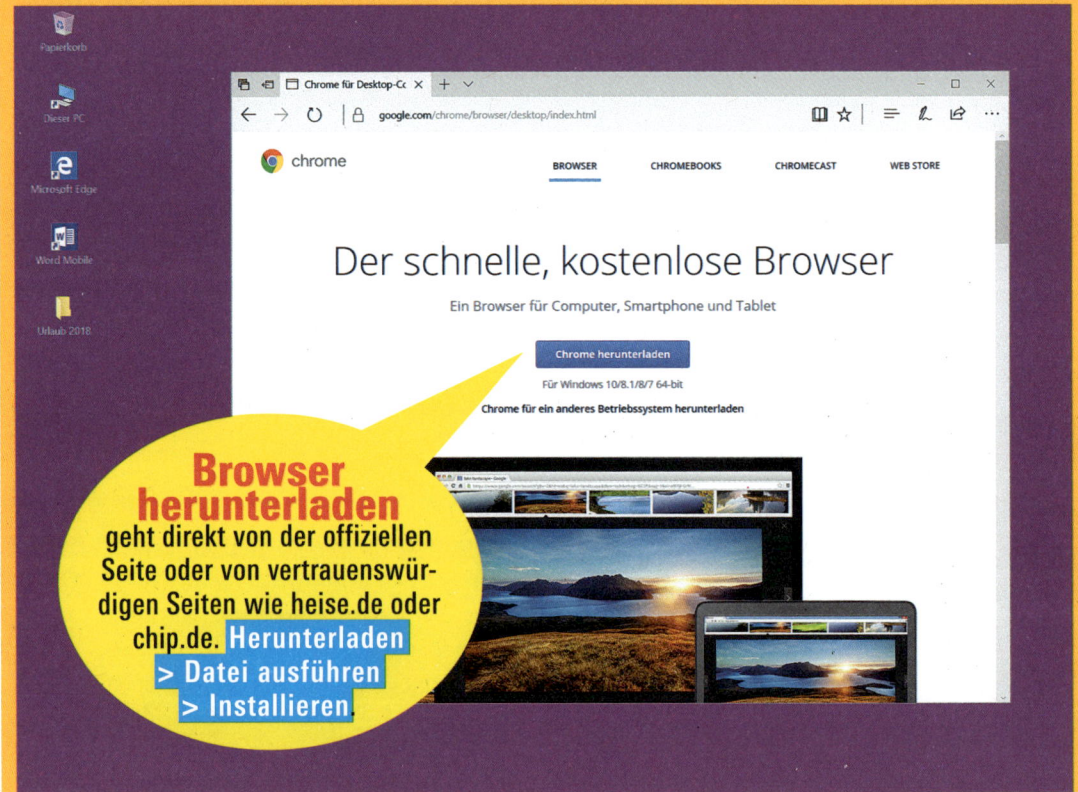

Browser herunterladen geht direkt von der offiziellen Seite oder von vertrauenswürdigen Seiten wie heise.de oder chip.de. Herunterladen > Datei ausführen > Installieren.

WINDOWS KOMMT mit 2 Browsern daher: dem altbekannten Internet Explorer – nur noch in Version 11 empfehlenswert – und Microsofts neuem Browser Edge. Sie sind durchaus leistungsfähig, aber es gibt Alternativen.

Firefox von Mozilla gibt es seit 2002. Für viele war der unabhängige Browser lange Zeit die Alternative Nr. 1. Google Chrome gibt es seit 2008. Falls Sie viel in Google-Diensten unterwegs sind, verknüpft er diese gut miteinander.

DIGITALER LESEZEICHENIMPORT

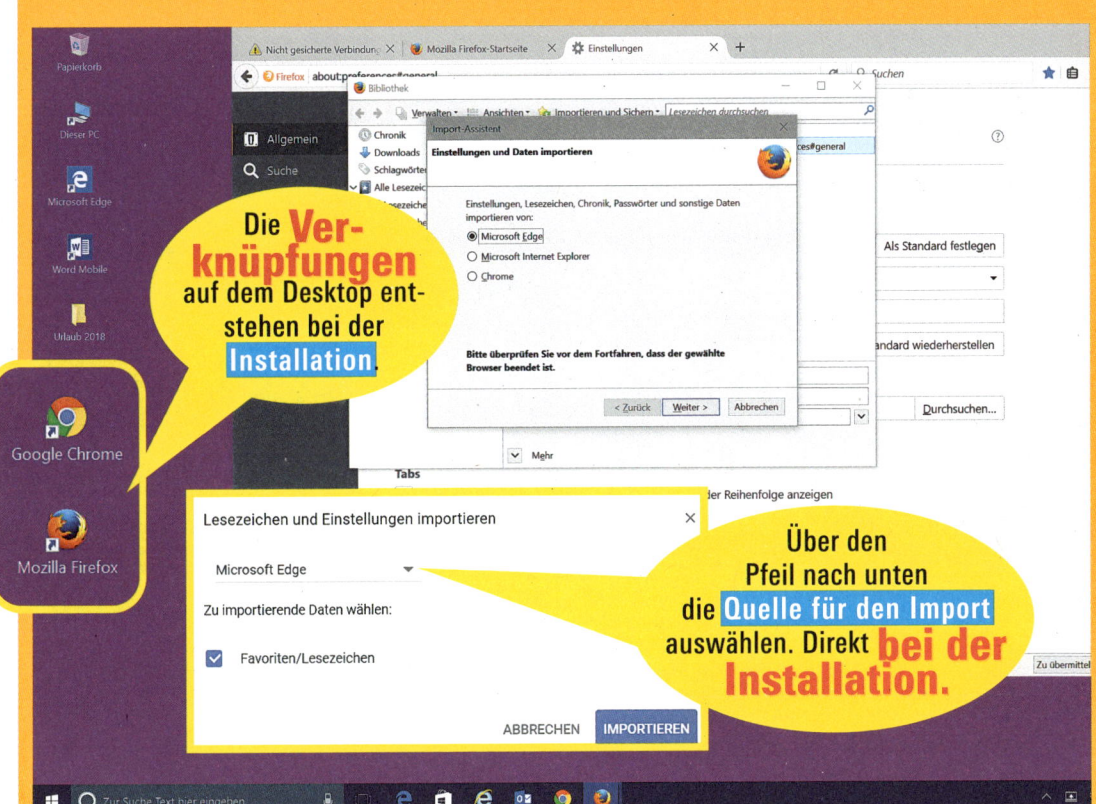

FÜSSE AUF DEN TISCH und sich wie zu Hause fühlen? Klappt nur mit den eigenen Lesezeichen. Die Browser wissen das ganz genau und fragen schon während der Installation, von wo sie Ihre Lieblinge importieren dürfen.

SPÄTER KLAPPT DER IMPORT aber auch: Einstellungen des neuen Browsers > Lesezeichen und Einstellungen importieren/verwalten (bei Chrome) bzw. > Lesezeichen verwalten, Importieren und Sichern (Firefox) > Quelle wählen > OK.

DIGITALE LESEZEICHEN SICHERN

Edge: Einstellungen > Aus anderem Browser importieren > Export in Datei.

Chrome: Strg + Shift + O > Organisieren > exportieren

Firefox: Strg + Shift + B > Importieren und Sichern > Sichern.

PERFEKT! Strg + D markiert die aktuelle Webseite als Favorit / Lesezeichen. Klappt in allen Browsern.

JAHRELANG UND UNERMÜDLICH haben Sie Ihre Favoriten zusammengesucht. Stellen Sie sich vor, durch einen Absturz oder Umzug auf einen neuen Rechner wäre dieses Juwel einer Bibliothek einfach weg! Sicher ist sicher: Speichern Sie Ihre Lesezeichen regelmäßig, wenn Sie Ihnen wichtig sind. Dabei wird eine Datei angelegt, die Sie per USB-Stick transportieren und jederzeit über die Import-Funktion in einen Browser laden bzw. wiederherstellen können.

NEUE INTERNET-STANDARDS

SIE SIND ALLE SO STOLZ auf ihre Browser: Microsoft hat es natürlich so eingestellt, dass sich Edge zuerst öffnet. Aber einmal in Benutzung, drängeln alle unermüdlich, stattdessen Nr. 1 zu sein. Unterbinden Sie die Bittstellerei. Per Windows-Einstellungen entscheiden Sie selbst, wer Ihr Tor ins WWW sein soll. Sie können das später immer wieder ändern. In den Browser-Einstellungen wiederum lässt sich die Frage nach dem Standardbrowser deaktivieren.

SURFSPUREN VERWISCHEN

Chrome: 3 Punkte > Einstellungen > Erweitert > Sicherheit und Datenschutz. **Edge:** 3 Punkte > Browserdaten löschen > Zu löschendes Element auswählen. **Firefox:** Extra > Einstellungen > Datenschutz.

DAS LEBEN DER ANDEREN ist interessant, auch im Internet. Wird der PC von mehreren benutzt, wollen Sie vielleicht nicht, dass andere Personen Ihre zuletzt geöffneten Tabs und Webseiten sehen – oder die von vor 3 Wochen.

Temporäre Internetdateien sind aber auch Texte, Bilder, Einstellungen usw. Die Seite lädt dadurch beim nächsten Besuch schneller. Im Sinne von Privatsphäre und Datenmüllvermeidung: Weg damit, sobald Sie den Browser schließen.

SUCHEN STATT GOOGELN

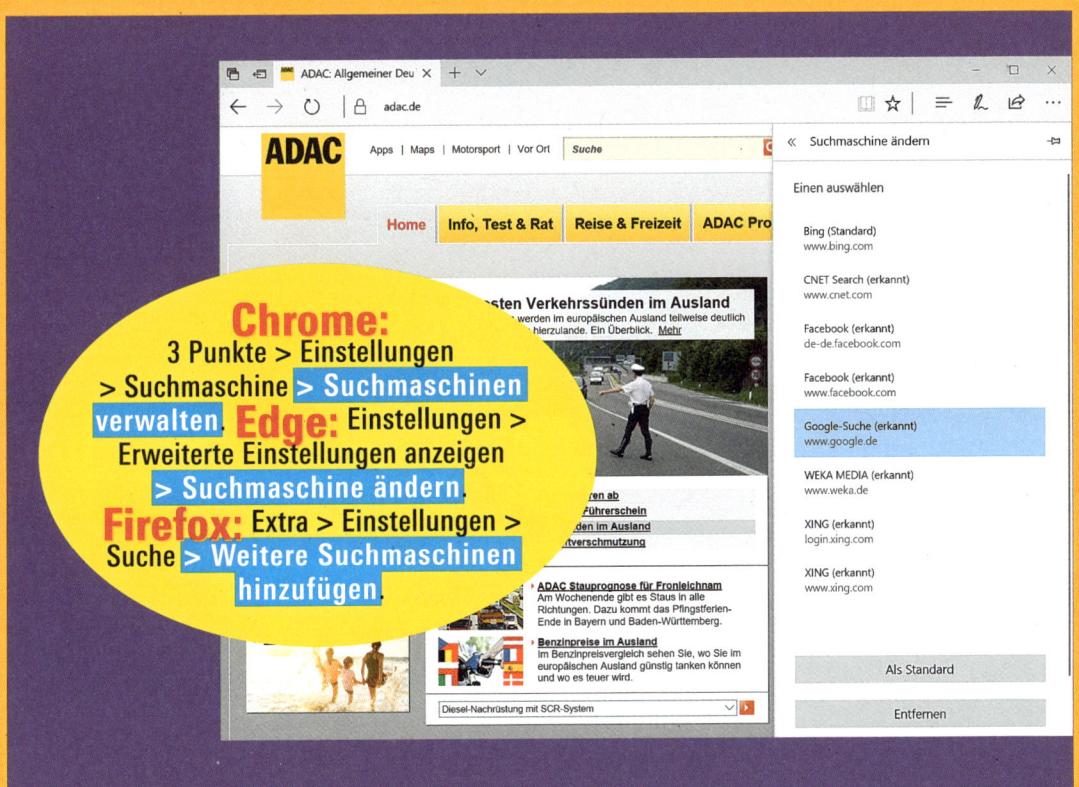

Chrome: 3 Punkte > Einstellungen > Suchmaschine > Suchmaschinen verwalten. **Edge:** Einstellungen > Erweiterte Einstellungen anzeigen > Suchmaschine ändern. **Firefox:** Extra > Einstellungen > Suche > Weitere Suchmaschinen hinzufügen.

GOOGLE WEISS ALLES: was Sie jetzt wissen wollen – und was Sie vor 2 Jahren interessiert hat. Tippen Sie Ihren Suchbegriff einfach in der Adresszeile Ihres Browsers ein. Mit Enter erscheinen die Google-Ergebnisse. Edge verwendet Microsofts hauseigene Suchmaschine bing. Sind Ihnen die großen Anbieter nicht geheuer? Dann wechseln Sie zu einer der weniger neugierigen Alternativen: DuckDuckGo, Startpage, ecosia oder Metasuchen wie MetaGer.

WEBSEITENTEXT SCHÖN GROSS

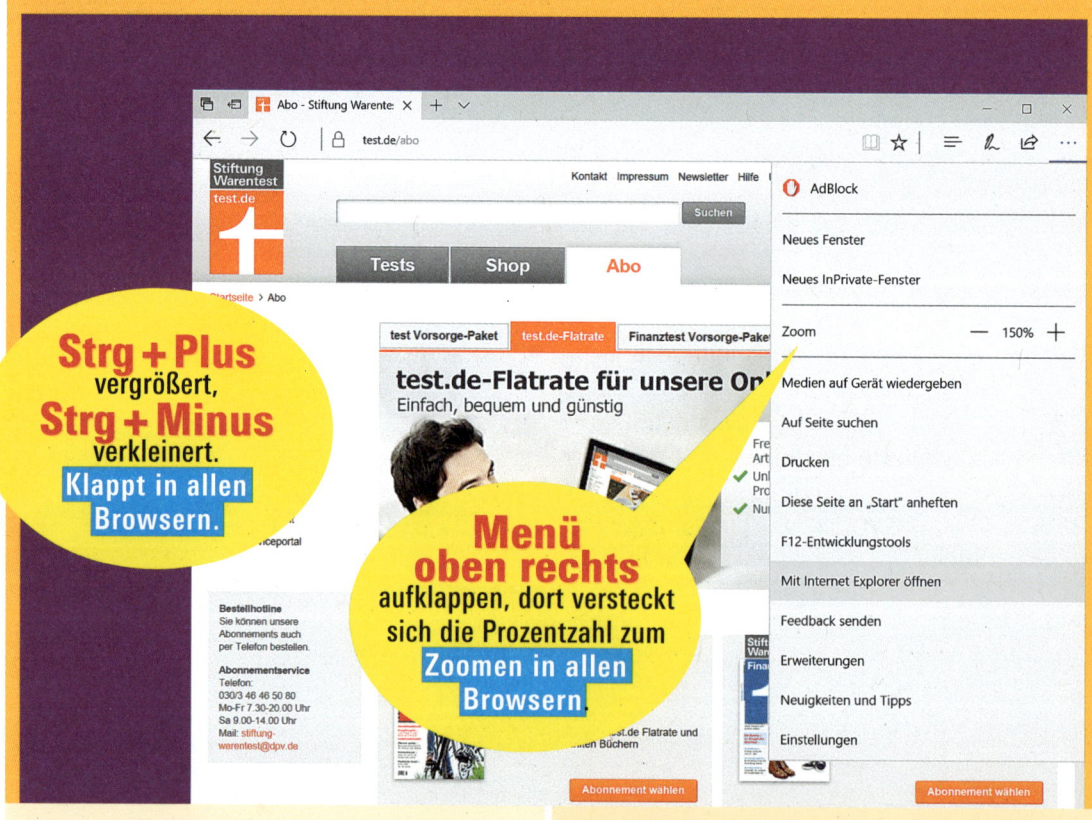

Strg + Plus vergrößert, **Strg + Minus** verkleinert. Klappt in allen Browsern.

Menü oben rechts aufklappen, dort versteckt sich die Prozentzahl zum Zoomen in allen Browsern.

VOLLGEPFROPFT mit Werbung, Bildern und Filmen sind Internetseiten. Irgendwo zwischendrin versteckt sich der Text. Vergrößern Sie die Ansicht einfach, um ohne Augenschmerzen lesen zu können. Geht auf unterschiedlichste Art.

Strg + Mausrad vergrößert und verkleinert. Auf Touchscreens: Daumen + Zeigefinger **spreizen / kneifen**. **F11** schaltet Browser auf Vollbild.

ÖFFNEN IM INTERNET EXPLORER

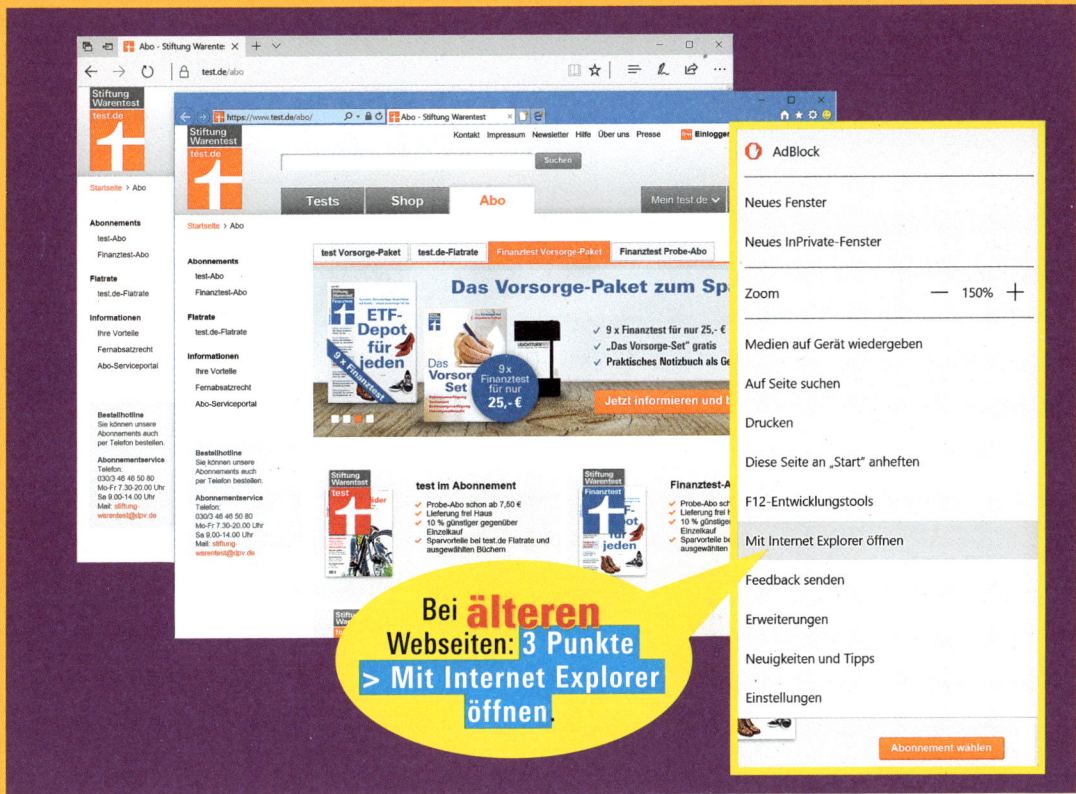

Bei **älteren** Webseiten: 3 Punkte > Mit Internet Explorer öffnen.

ALTE WEBSEITEN, die aktuelle Standards nicht erfüllen, werden in modernen Browsern nicht optimal angezeigt. Für solche Fälle hat Microsoft den alten Internet Explorer noch nicht komplett gelöscht, sondern erlaubt ihm ein Dasein als Plan B. Nutzen Sie diese Funktion, wenn eine Webseite in Edge nicht so aussieht, wie Sie es erwarten. Der Internet Explorer wird gestartet und die aktuelle Seite neu geladen. Notfallplan: temporäre Dateien löschen.

NEUE STARTSEITE IN EDGE

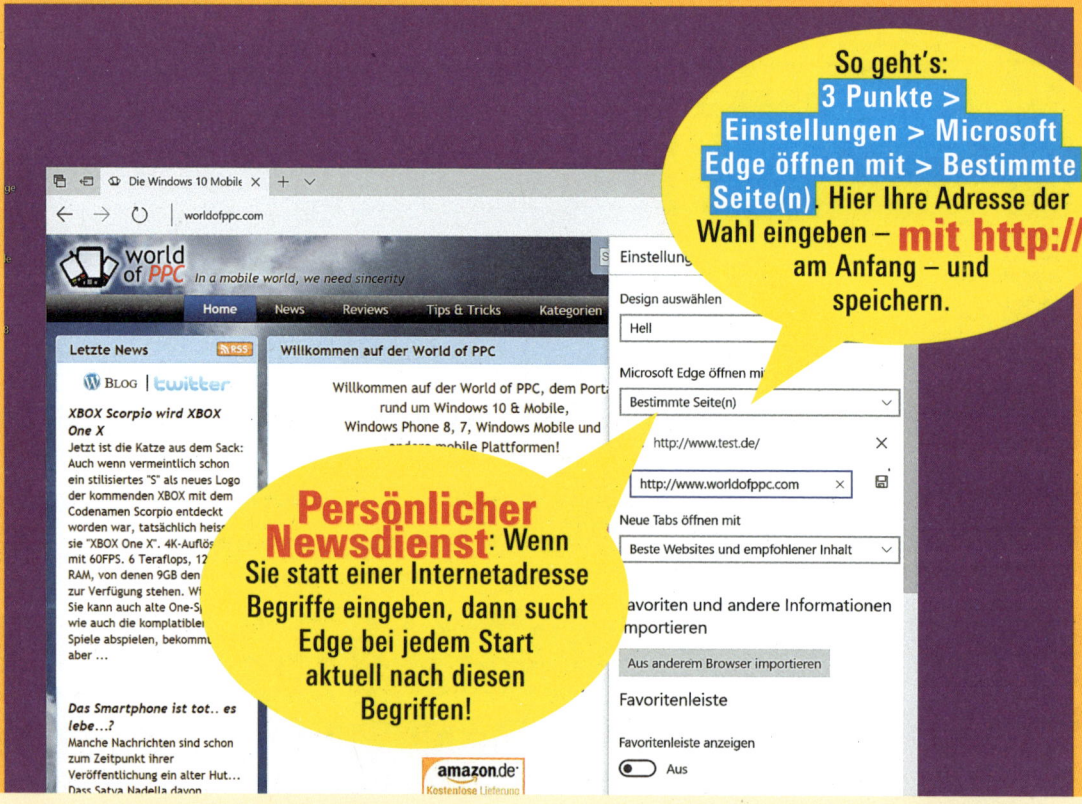

So geht's: 3 Punkte > Einstellungen > Microsoft Edge öffnen mit > Bestimmte Seite(n). Hier Ihre Adresse der Wahl eingeben – **mit http://** am Anfang – und speichern.

Persönlicher Newsdienst: Wenn Sie statt einer Internetadresse Begriffe eingeben, dann sucht Edge bei jedem Start aktuell nach diesen Begriffen!

DEN KLATSCH UND TRATSCH der Welt lesen Sie, wenn sich Edge öffnet: Die Microsoft-eigene Nachrichtenseite MSN. Das muss nicht sein. In jedem Browser können Sie sich auch eine benutzerdefinierte Seite einrichten, die zum Start angezeigt werden soll. Sie können sich sogar mehrere Seiten zum Start öffnen lassen: + Neue Seite hinzufügen – und hier die Adresse der nächsten Seiten eingeben. Alle Seiten werden in separaten Reitern geöffnet.

NEUE STARTSEITE IM EXPLORER

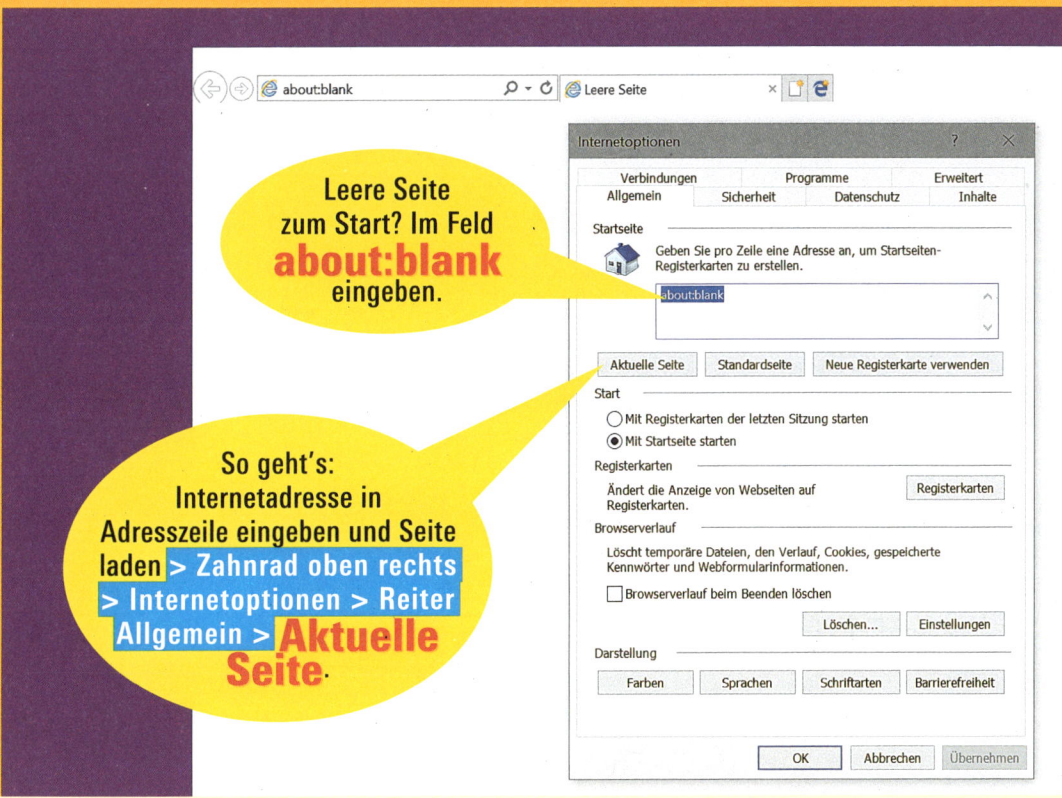

Leere Seite zum Start? Im Feld **about:blank** eingeben.

So geht's: Internetadresse in Adresszeile eingeben und Seite laden > Zahnrad oben rechts > Internetoptionen > Reiter Allgemein > **Aktuelle Seite**.

IM INTERNET EXPLORER können Sie einfach die aktuelle Seite, auf der Sie sind, als Startseite festlegen. In den Internetoptionen > Reiter Allgemein können Sie natürlich auch eine Internetadresse manuell eingeben.

MEHRERE ADRESSEN klappt auch hier: Geben Sie im Feld bei den Internetoptionen mehrere Adressen untereinander ein, um all diese Seiten nebeneinander geöffnet zu bekommen.

NEUE STARTSEITE IN FIREFOX

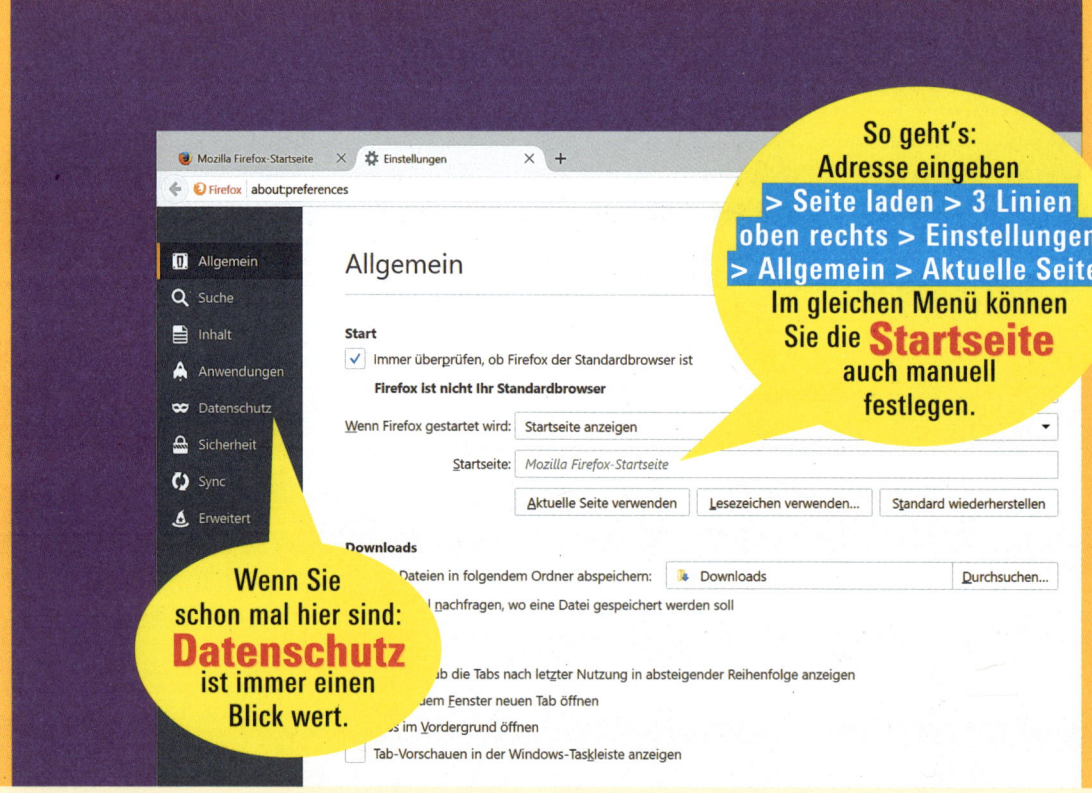

So geht's: Adresse eingeben > Seite laden > 3 Linien oben rechts > Einstellungen > Allgemein > Aktuelle Seite. Im gleichen Menü können Sie die **Startseite** auch manuell festlegen.

Wenn Sie schon mal hier sind: **Datenschutz** ist immer einen Blick wert.

FIREFOX BEGRÜSST SIE mit einer reduzierten Startseite, nur mit einem Feld zur direkten Google-Suche und einem Link, um Firefox mit nützlichen Add-ons auszustatten. Individuelle Startseiten sind hier natürlich auch möglich.

Oder soll immer einer Ihrer gespeicherten Favoriten als Startseite verwendet werden? Klicken Sie auf Lesezeichen verwenden und suchen sich aus der Liste die Seite heraus, die Ihre Startseite werden soll.

NEUE STARTSEITE IN CHROME

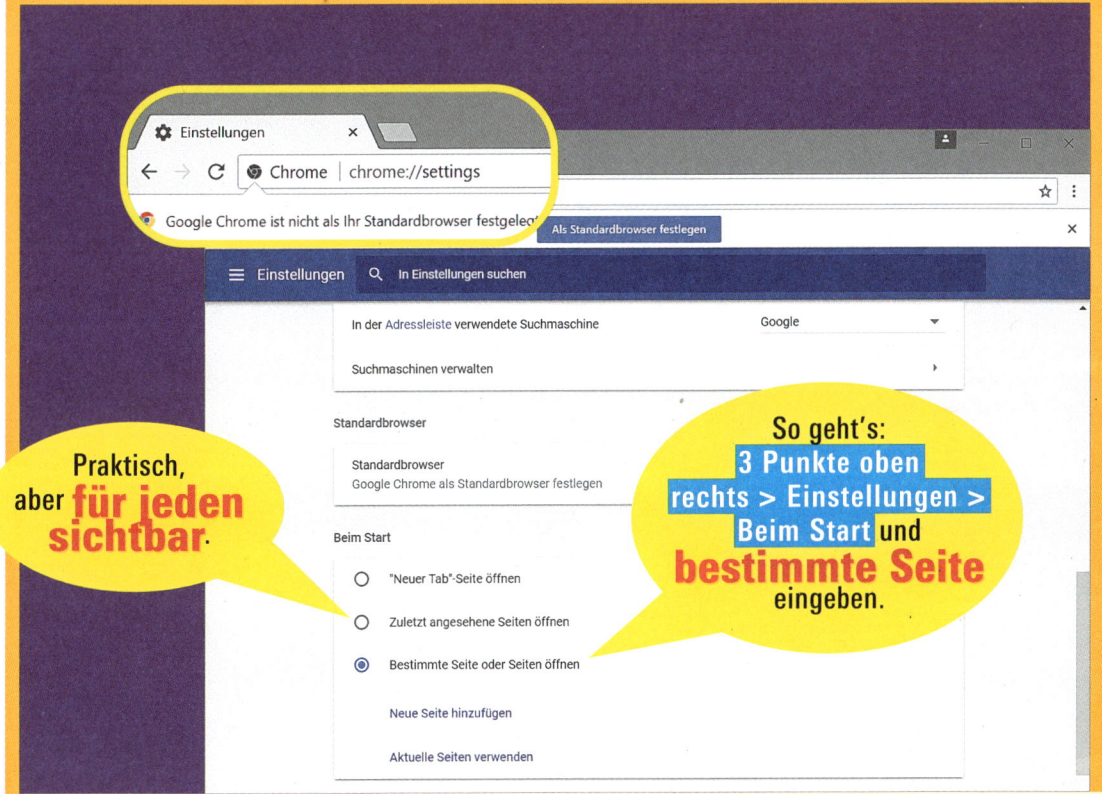

ALLES VON, ALLES MIT GOOGLE ist die Devise bei Chrome. Aber es geht auch anders. Die Einstellungen lassen Sie individuell festlegen, welche Webseite Sie zum Start sehen wollen. Unter Neue Seite hinzufügen können Sie diese Adresse manuell eingeben, unter Aktuelle Seite verwenden speichern Sie die aktuell aufgerufene Seite (oder mehrere) als neue Startseite ab. Die Übersicht der Zuletzt angesehenen Seiten ist praktisch, aber jeder kann es sehen.

TABS EINSTELLEN IN EDGE

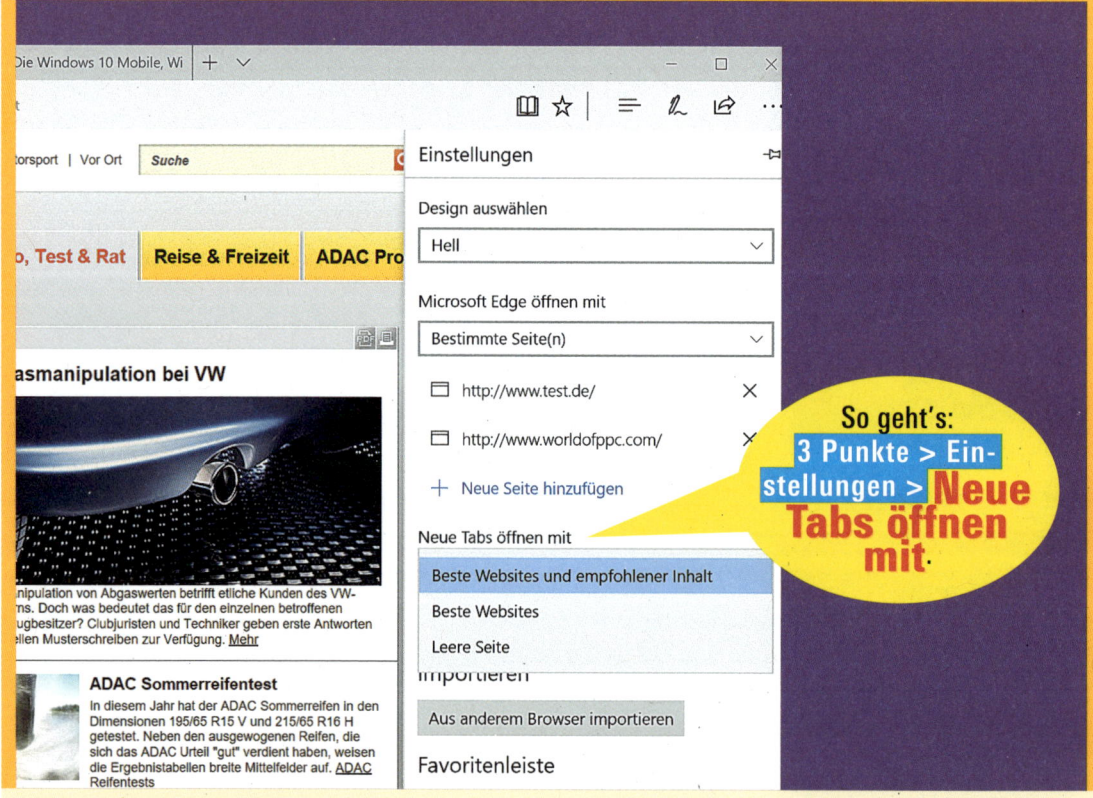

So geht's: 3 Punkte > Einstellungen > Neue Tabs öffnen mit.

TABS SIND KARTEIREITER, die sich im gleichen Fenster oben öffnen. Wie die Startseite können Sie auch hier festlegen, was auf einem neuen Tab angezeigt werden soll. Werbung, Nachrichten, Favoriten? Alles leer?

Beste Websites zeigt häufig besuchte Seiten an. Sie können aber neue hinzufügen und entfernen. Beste Websites und empfohlener Inhalt fügt Nachrichten hinzu. Sie wollen einfach Ihre Ruhe haben? Über Leere Seite kriegen Sie sie.

TABS EINSTELLEN IM EXPLORER

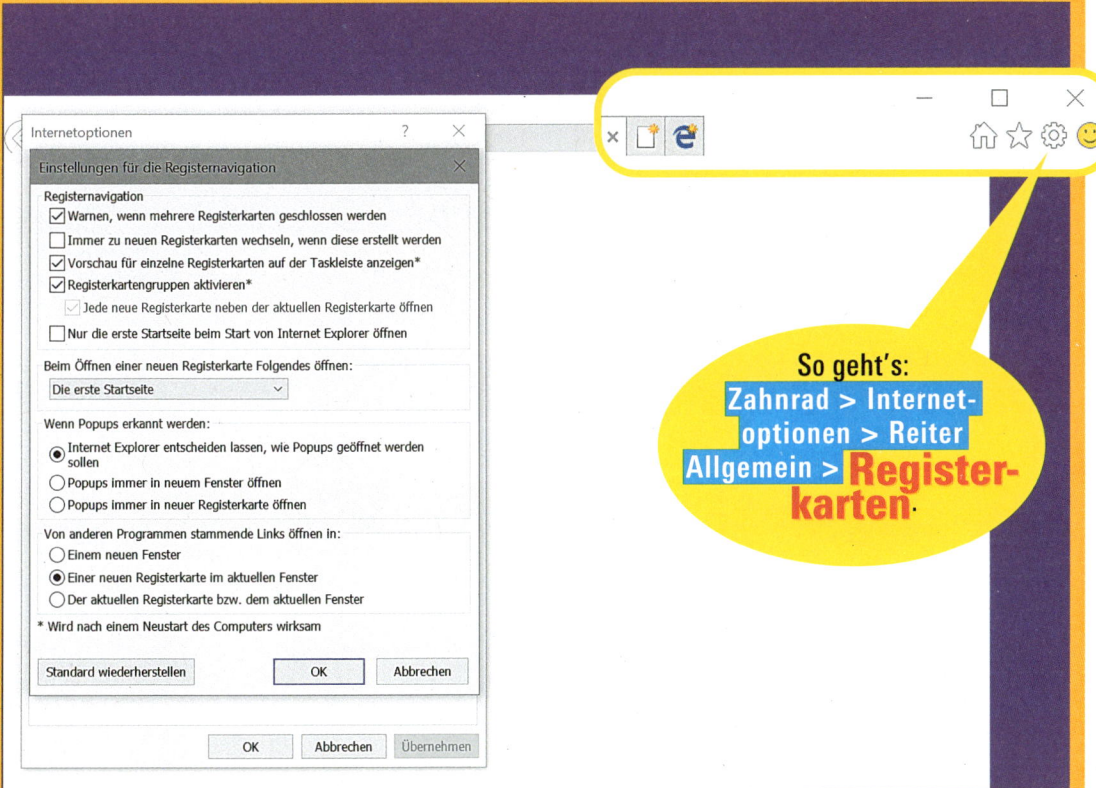

So geht's:
Zahnrad > Internetoptionen > Reiter Allgemein > Registerkarten.

TABS SIND REGISTERKARTEN – wenn es nach dem Vokabular des Internet Explorers geht. Unter Beim Öffnen einer neuen Registerkarte Folgendes öffnen können Sie zwischen Nachrichtenübersicht, leerer Seite, neuem Tab und Startseite wählen. OK speichert die Auswahl für den nächsten geöffneten Tab. Übrigens: Falls Sie mit einer alten Version surfen, sollten Sie kostenlos auf die Version IE 11 aktualisieren. Nur die bekommt Sicherheitsupdates.

TABS EINSTELLEN IN FIREFOX

DIE TAB-OPTIONEN in Firefox sind nicht versteckt, sondern direkt über das Zahnrad-Symbol auf jedem neu geöffneten Tab erreichbar. Die meistbesuchten Seiten sind zwar praktisch, aber auch hier für jeden einsehbar. Die Art der Ansicht lässt sich aber einstellen. Per Stecknadel-Symbol pinnen Sie ein Kärtchen genau dort an, entfernen können Sie eine Seite aber auch. Ist Ihnen das alles doch zu heiß oder zu bunt, wählen Sie einfach Leere Seite aus.

TABS EINSTELLEN IN CHROME

ACHTUNG! Löschen bringt hier nichts: Die letzten Tabs als Karteikarten kommen wieder.

So geht's: Add-on **New Tab Redirect** aus dem Chrome Webstore installieren > Anpassungen dort vornehmen.

WARUM AUCH IMMER, aber in Chrome können Sie solche einfachen Einstellungen nicht direkt vornehmen. In einem neuen Tab werden immer die zuletzt besuchten Seiten angezeigt. Eigene Seiten können Sie nicht hinzufügen. Und per Drag & Drop verschieben? Fehlanzeige, nicht mal das geht in der aktuellen Browserversion. Per X löschen – das klappt dann doch. Für weitere Einstellungen müssen Sie sich das Add-on New Tab Redirect installieren.

NEUE TABS FÜR ALLE BROWSER

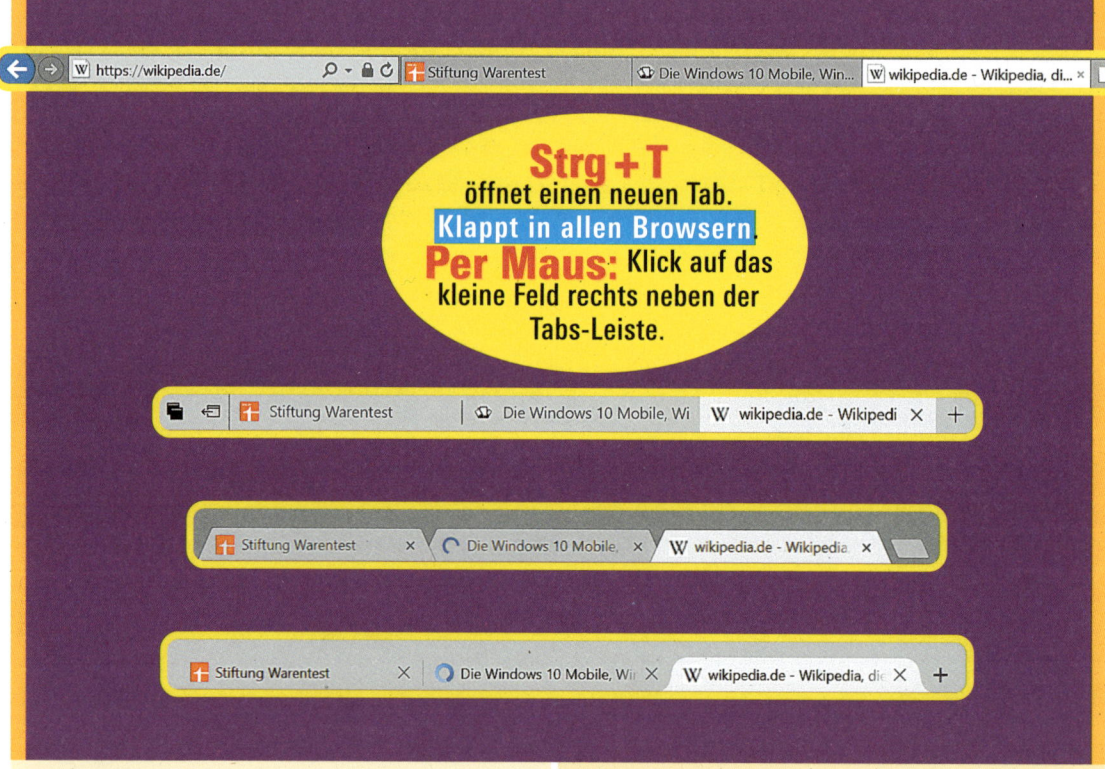

ÜBERALL LINKS, aber die aktuelle Seite wollen Sie auch noch nicht verlassen – und nebenbei noch ein Fremdwort googeln? Neue Tabs lassen sich schnell öffnen und reihen oben in einer Karteireiterleiste alle offenen Seiten auf.

Mittlere Maustaste auf den Tab in der Tabs-Leiste oben schließt Tab. **Strg + Shift + T** öffnet zuletzt geschlossene Tabs.

LINK IN NEUEM TAB ÖFFNEN

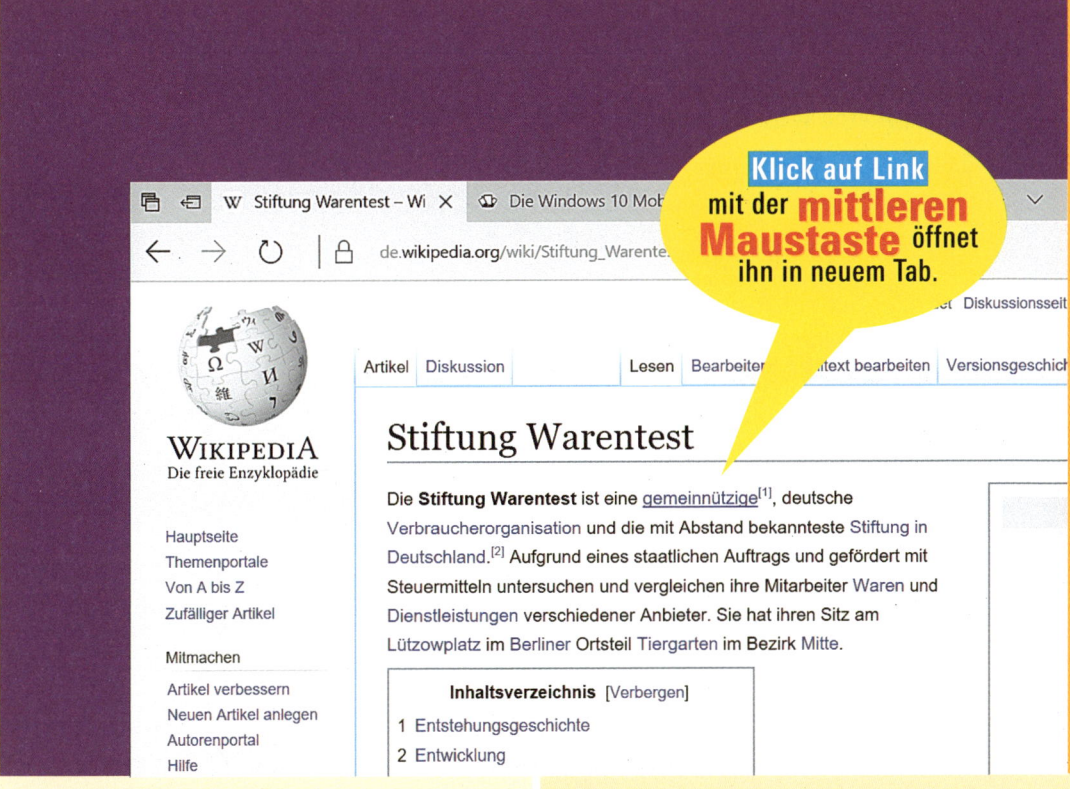

Klick auf Link mit der **mittleren Maustaste** öffnet ihn in neuem Tab.

KLINGT INTERESSANT, lese ich später – denken Sie sich das auch unzählige Male beim Surfen im Internet? Ein direkter Klick auf den Link springt zur neuen Seite. Mit diesem Trick öffnen Sie Links gemütlich im Hintergrund.

Strg + linke Maustaste klappt auch. Und der umständlichste Weg: **Rechtsklick auf Link,** dann Öffnen in neuem Tab auswählen.

VON TAB ZU TAB SPRINGEN

Strg + Tab wechselt durch die geöffneten Tabs. **Strg + Shift + Tab** wechselt rückwärts durch.

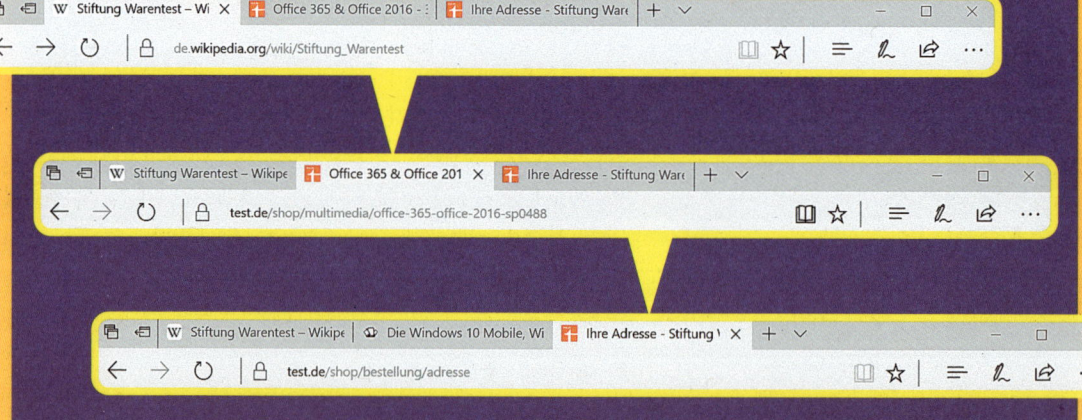

WARUM DIE MAUS BENUTZEN, wenn's auch per Tastatur geht? Strg + Ziffer des Tabs springt durch die geöffneten Tabs, geordnet nach Nummern: Strg + 2 also in Tab Nr. 2. Strg + Bild auf / ab springt pro Tab schrittweise weiter.

Schließt den aktuellen Tab: **Strg + F4** oder **Strg + W**. Und **mittlere Maustaste** auf einen Tab geklickt, klappt als dritte Variante.

SCHNELLCHECK FÜR OFFENE TABS

PERFEKT! Klappt bei allen Browsern und Programmen!

Lassen Sie die **Maus schweben** über dem Symbol auf der Taskleiste, sehen Sie Vorschaubilder. Ein Klick darauf, und Sie wechseln dorthin.

JE MEHR TABS OFFEN SIND, desto schwerer fällt die Übersicht. War der Link schon offen oder nicht? Und wo war der neue Tab von eben noch mal? Die Vorschaufunktion zeigt Ihnen deshalb kleine Bildchen des aktuellen Inhalts der verschiedenen Tabs an. Schweben statt klicken Sie über den Vorschaubildern, um die Übersicht auch bildfüllend zu bekommen. Wollen Sie den Tab sofort schließen, klicken Sie auf das kleine X im Vorschaubild.

WEBSEITE NEU LADEN

F5 aktualisiert eine Webseite. Der **Ringpfeil** auch. **In allen Browsern**.

HAT SICH WAS GETAN? Es gibt Webseiten, die sind nur frisch geladen interessant. Denn auch wenn es blinkt und hüpft: Einmal geladen, bleibt die Zeit stehen. Neue Inhalte sehen Sie nur, wenn Sie die Webseite manuell neu laden.

Strg + F5 ist der gröbste Weckruf. Er löscht alle Daten im Hintergrund (den Cache) und aktualisiert komplett.

ZU VORHERIGER SEITE SPRINGEN

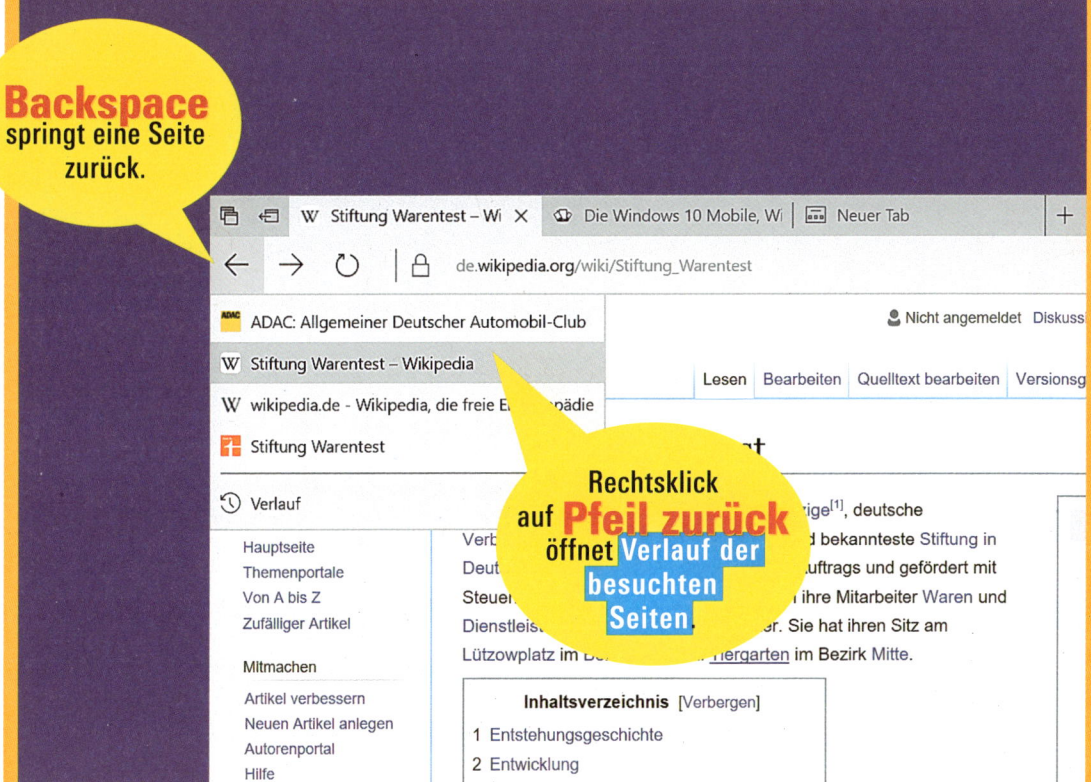

Backspace springt eine Seite zurück.

Rechtsklick auf Pfeil zurück öffnet **Verlauf der besuchten Seiten**.

GAB'S ALLES SCHON MAL – aber wann? Sie hatten die Seite schon offen und dann wieder weggeklickt. Das findet sich alles wieder an: Es bleibt alles im Verlauf des geöffneten Browserfensters erhalten. Einfach zurückgehen.

Alt + Pfeil links / rechts

wechselt Schritt für Schritt zurück bzw. vorwärts durch den Verlauf der besuchten Webseiten.

NEUES BROWSERFENSTER ÖFFNEN

PERFEKT! Der Shortcut **Strg + N** klappt in fast jedem Programm.

Strg + N im laufenden Browser öffnet ein neues Fenster.

FENSTER AUF: FRISCHE LUFT. Atmen Sie bei zu vielen geöffneten Tabs durch und öffnen Sie einfach ein neues, leeres Browserfenster. Das geht per Shortcut oder auch per Klick mit der mittleren Maustaste auf das Taskleistensymbol.

Rechtsklick auf das **Taskleistensymbol** öffnet ein Menü für mehr Auswahl: neues Fenster, neuer Tab oder der Privatmodus.

VOM TAB ZUM EIGENEN FENSTER

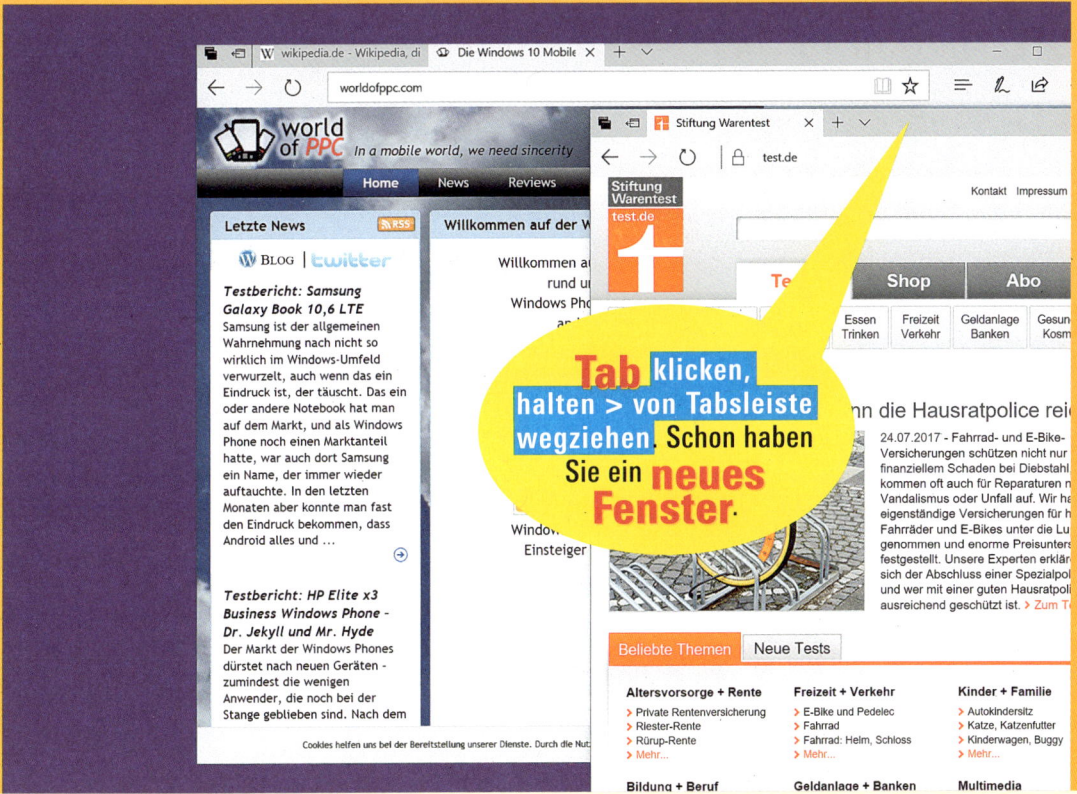

INHALTE NEBENEINANDER vergleichen geht mit zwei Tabs in einem Browser nicht. Falls Sie eine Seite schon als Tab offen haben, können Sie den Tab von der Tabsleiste wegziehen, um ihn in einem neuen Fenster zu vereinzeln.

IN EIN ANDERES BROWSERFENSTER können Sie einen Tab auch verschieben – bei gedrückter Maustaste. Dafür muss es der gleiche Browser sein. Einmal zum Fenster vereinzelte Seiten können nicht mehr als Tab andocken.

ADRESSFELDER OHNE ANKLICKEN

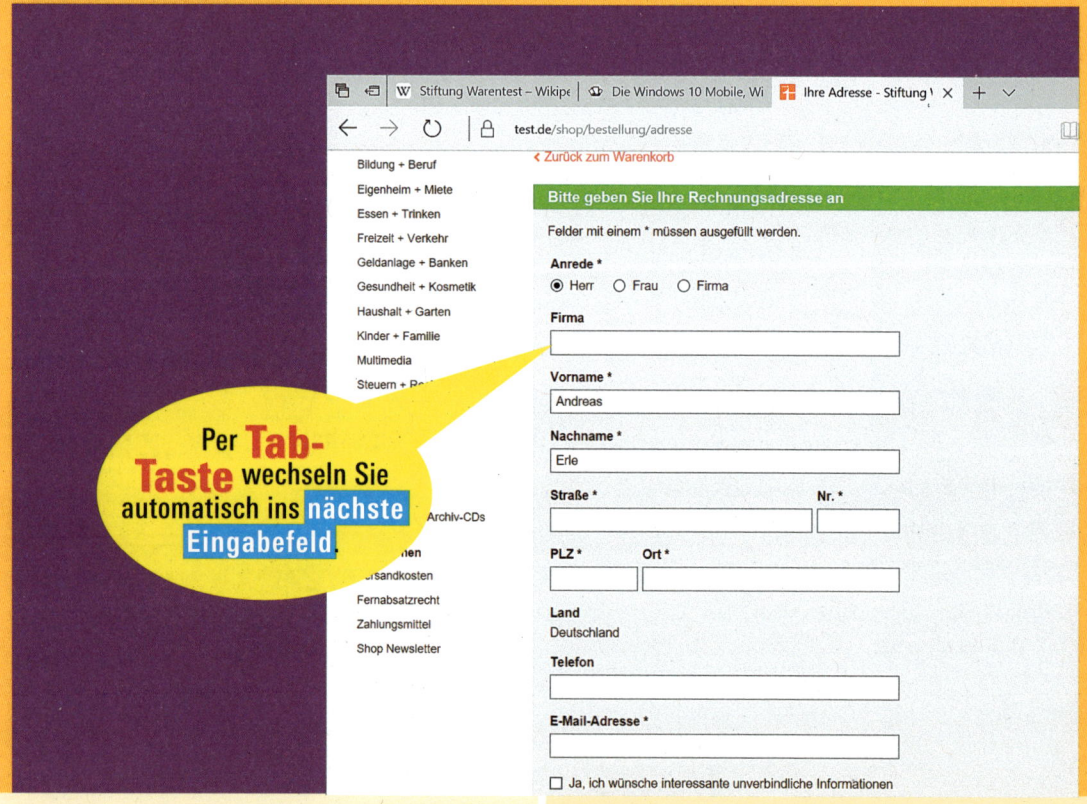

Per **Tab-Taste** wechseln Sie automatisch ins nächste Eingabefeld.

TIPPEN, KLICKEN, Tippen, Klicken – Adressfelder auszufüllen ist umständlich und langwierig. Immer wieder muss man mit der Maus ins nächste Feld. Ohne das Herumklicken könnte man viel Zeit sparen. Per Tab-Taste geht das!

Strg + C > Tab > Strg + V
Diese Shortcuts nacheinander erleichtern das „Bestätigen Sie Ihre E-Mail-Adresse". Warum neu eintippen, wenn auch kopieren klappt?

ADRESSFELDER RÜCKWÄRTS

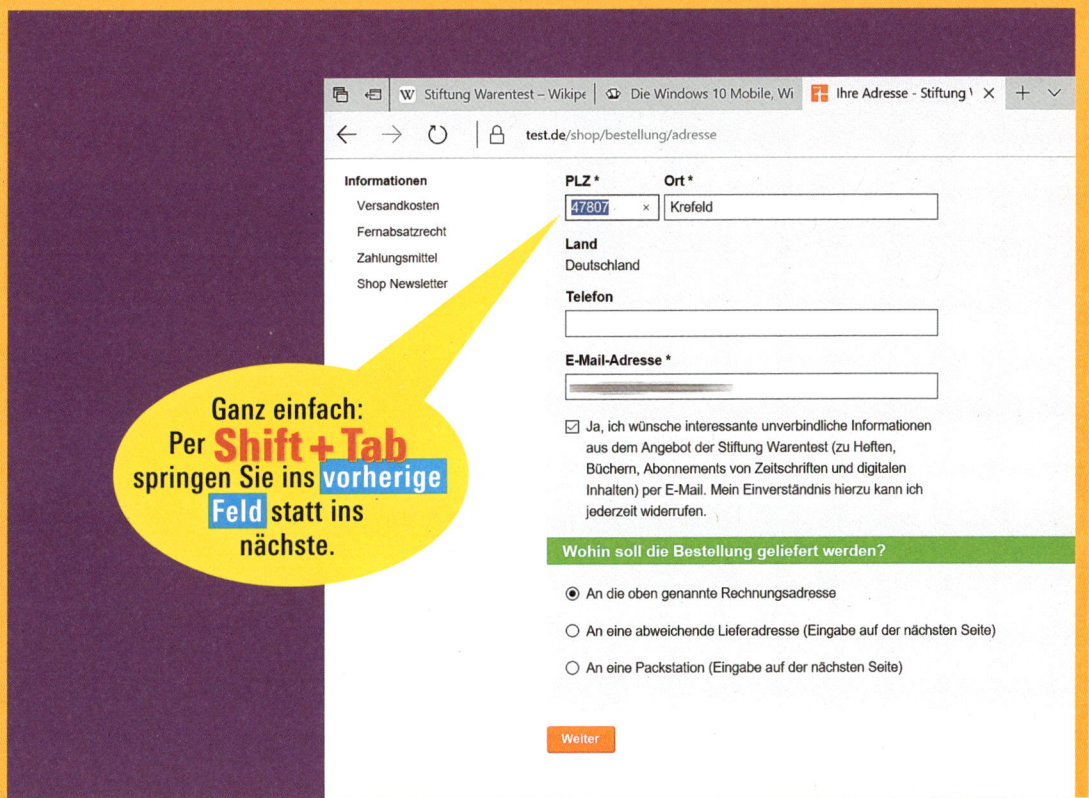

Ganz einfach: Per **Shift + Tab** springen Sie ins vorherige Feld statt ins nächste.

VERTIPPT UND SPÄTER erst bemerkt? Das bedeutet im Normalfall noch mehr klicken, tippen und so weiter. Für Faulenzer und Optimierungswillige funktioniert der Tab-Trick aber auch rückwärts – mit Shift.

Tab > Weiter > Enter: Per Tab-Taste springen Sie nach dem letzten Eingabefeld auch auf das Bestätigen-Feld. Enter bestätigt alles. Fertig, ohne Maus!

4 ARTEN, AUF EINER WEBSEITE ZU SCROLLEN

 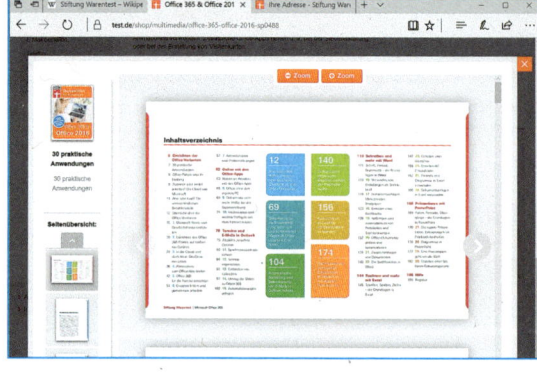

1. Klassisch: Die meisten Mäuse haben zwischen den beiden Tasten ein *Mausrad*. Rollen Sie damit nach unten, um die Webseite auf dem Bildschirm runterzuscrollen.

2. Umständlich: Hat eine Webseite mehr Inhalt, als auf den Bildschirm passt, sehen Sie rechts einen *Scrollbalken*. Klicken und halten Sie ihn mit der Maus: runterschieben heißt runterscrollen.

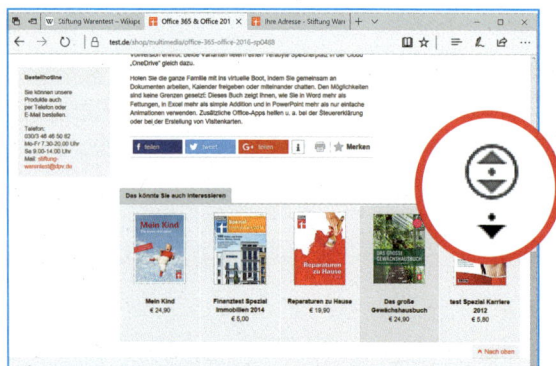 

3. Ungewohnt: Das Mausrad ist gleichzeitig die *mittlere Maustaste*. Klicken Sie damit: ein Doppelpfeil in einem Kreis erscheint. Schieben Sie Maus (und Inhalt) nach unten/oben/seitlich.

4. Zackig: Wenn Sie eine längere Internetseite vor sich haben und schnell blättern wollen, drücken Sie *Bild auf*/*Bild ab*. Per *Leertaste* springen Sie ebenfalls sehr schnell die Seite abwärts.

SCROLLRICHTUNG MIT TOUCH

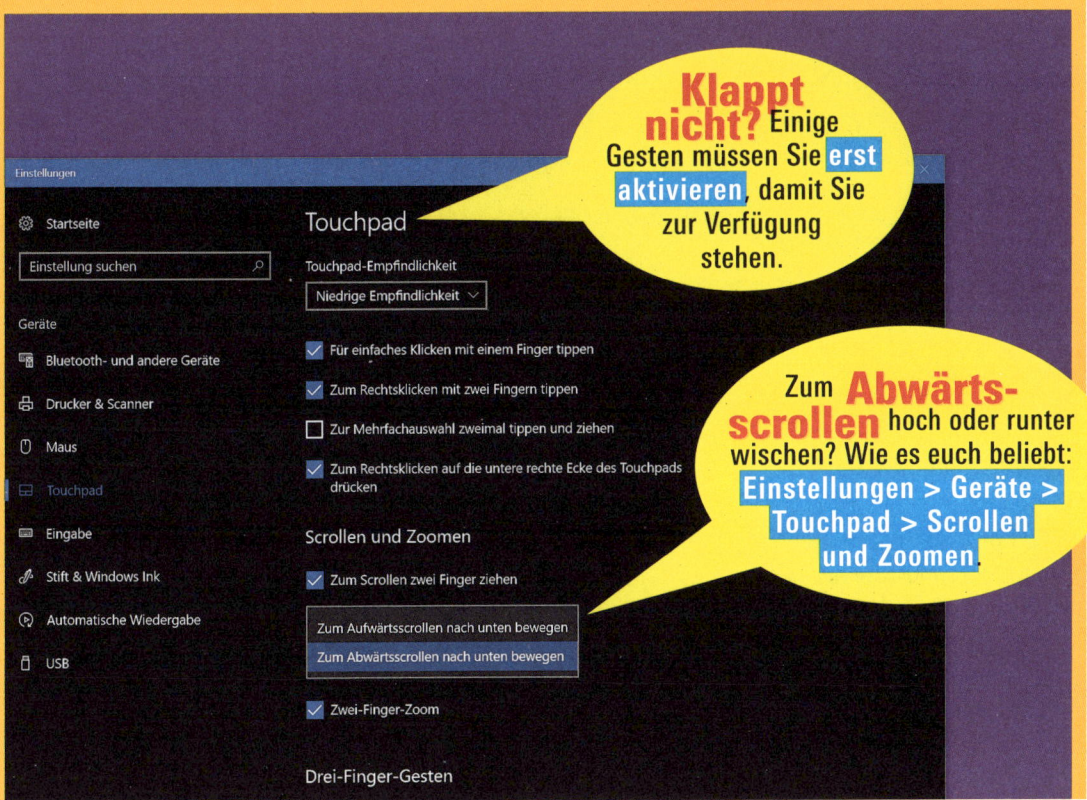

Klappt nicht? Einige Gesten müssen Sie erst aktivieren, damit Sie zur Verfügung stehen.

Zum **Abwärtsscrollen** hoch oder runter wischen? Wie es euch beliebt: Einstellungen > Geräte > Touchpad > Scrollen und Zoomen.

TOUCHPAD UND TOUCHSCREEN machen Scrollen rein per Fingergesten möglich. Achten Sie bei Touchdisplays nur darauf, beim ersten Antippen nicht einen Link zu erwischen: Sie würden sonst diesen öffnen, statt zu scrollen.

SCROLLEN MIT FINGERGESTEN geht so: Beim Touchpad: 2 Finger auflegen und nach oben/unten schieben. Beim Touchscreen: Mit dem Finger hoch/runter wischen. Oder den Scrollbalken tippen + halten.

BEGRIFF IN WEBSEITE SUCHEN

PERFEKT! Die Tastenkombi **Strg + F** klappt in allen Browsern. Und in Word, Excel & vielen weiteren Programmen.

Strg + F öffnet eine kleine Suchleiste im Browser. **1 von 1** ist die gefundene Anzahl, die Pfeile springen von Treffer zu Treffer.

IRGENDWO IM TEXT taucht der Begriff auf, den Sie suchen? Alles zu lesen brauchen Sie deswegen nicht! Mit der Suchleiste springen Sie von Treffer zu Treffer. In Chrome und Firefox gilt die Suchleiste nur für den aktuellen Tab.

site:www.test.de Laptop
So bekommen Sie in einer Suchmaschine zu einem Begriff (z. B. „Laptop") alle Ergebnisse nur von einer Seite, z. B. www.test.de.

BILDER FINDEN UND SPEICHERN

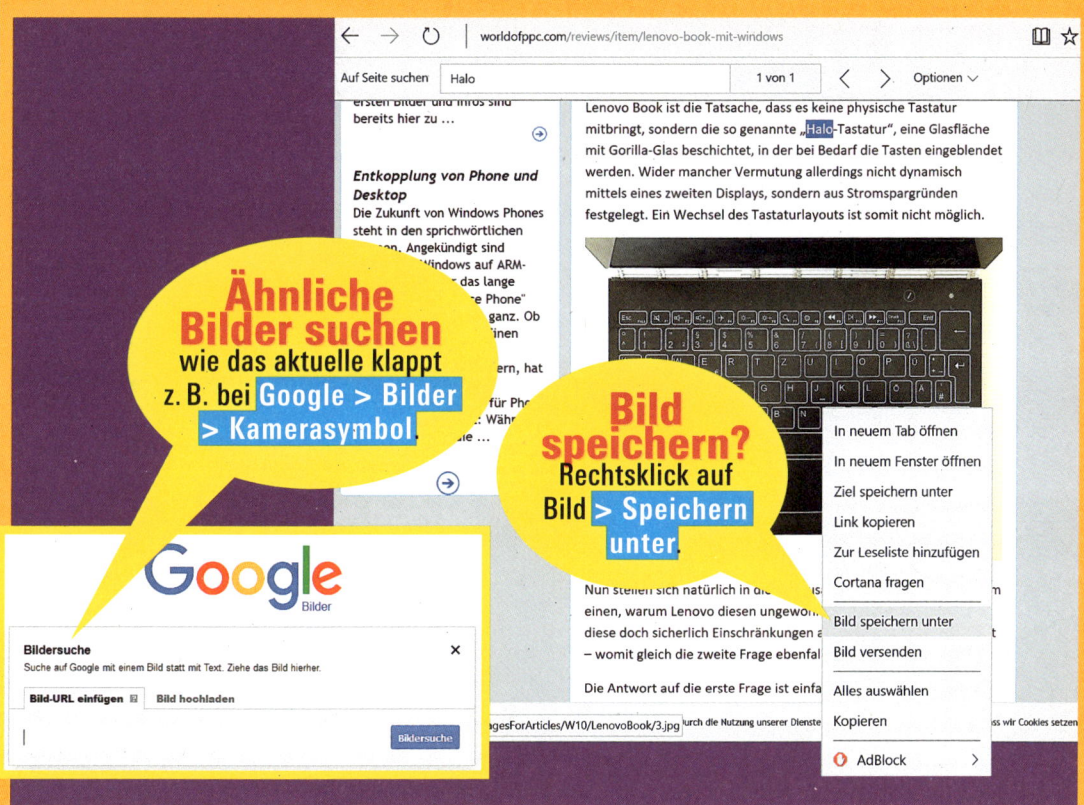

Ähnliche Bilder suchen wie das aktuelle klappt z. B. bei Google > Bilder > Kamerasymbol.

Bild speichern? Rechtsklick auf Bild > Speichern unter.

SCHÖNES BILD GEFUNDEN? Sie können diese Dateien direkt aus dem Browser herunterladen. Das Recht am Bild haben Sie deswegen aber nicht – verwenden Sie es also besser nicht für öffentliche Dokumente.

Wallpaper sind riesige Bilder für den Desktophintergrund. Gefällt Ihnen eins, können Sie es gleich per Rechtsklick > als Hintergrund verwenden. Klappt in Edge, Internet Explorer und Firefox – aber nicht in Chrome.

DIE ÜBERSICHT FÜR DOWNLOADS

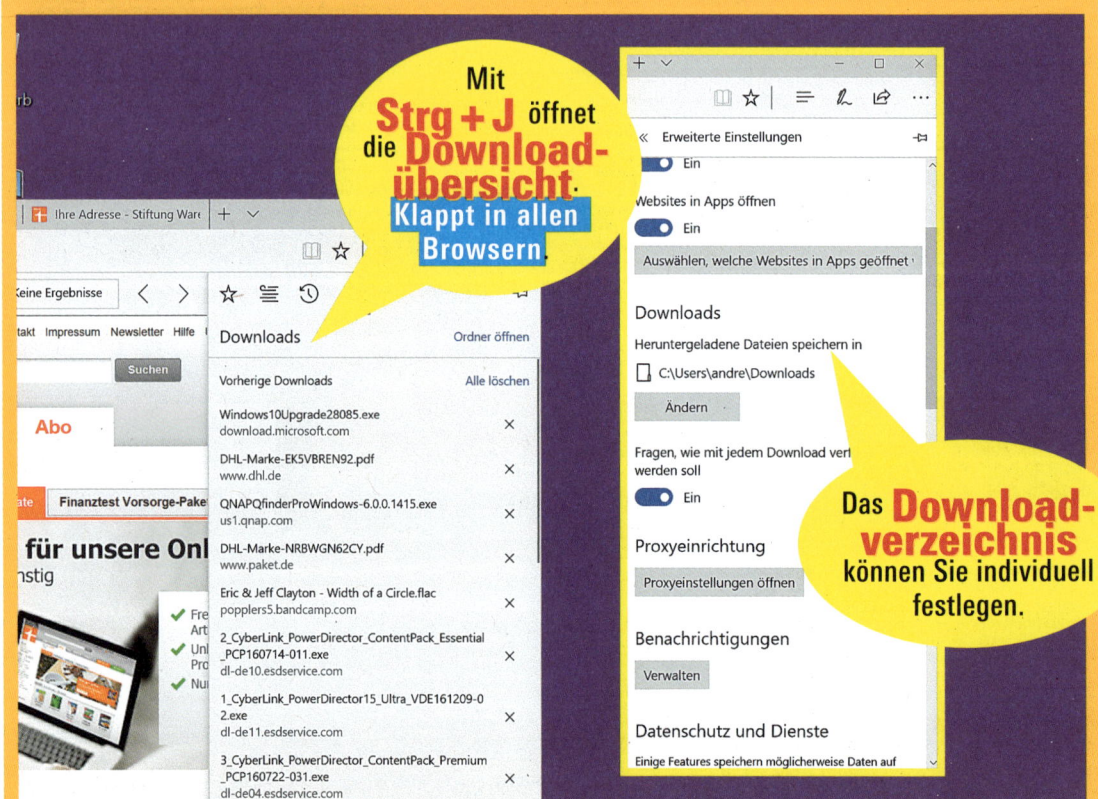

Mit **Strg + J** öffnet die **Downloadübersicht**. Klappt in allen Browsern.

Das **Downloadverzeichnis** können Sie individuell festlegen.

BILDER, DOKUMENTE, PROGRAMME – im Internet gibt es viel Herunterzuladen. Jeder Browser zeigt auf Wunsch eine Übersicht aller laufenden und abgeschlossenen Downloads an. Ein Balken zeigt den Fortschritt, über das X können Sie einen Download abbrechen, die Datei öffnet sich per Klick auf den fertigen Download. Alles landet in einem Downloadverzeichnis. Ist es Ihnen zu versteckt? Legen Sie in den Einstellungen des Browsers einen eigenen Ordner fest.

PRIVAT UND INKOGNITO IM NETZ

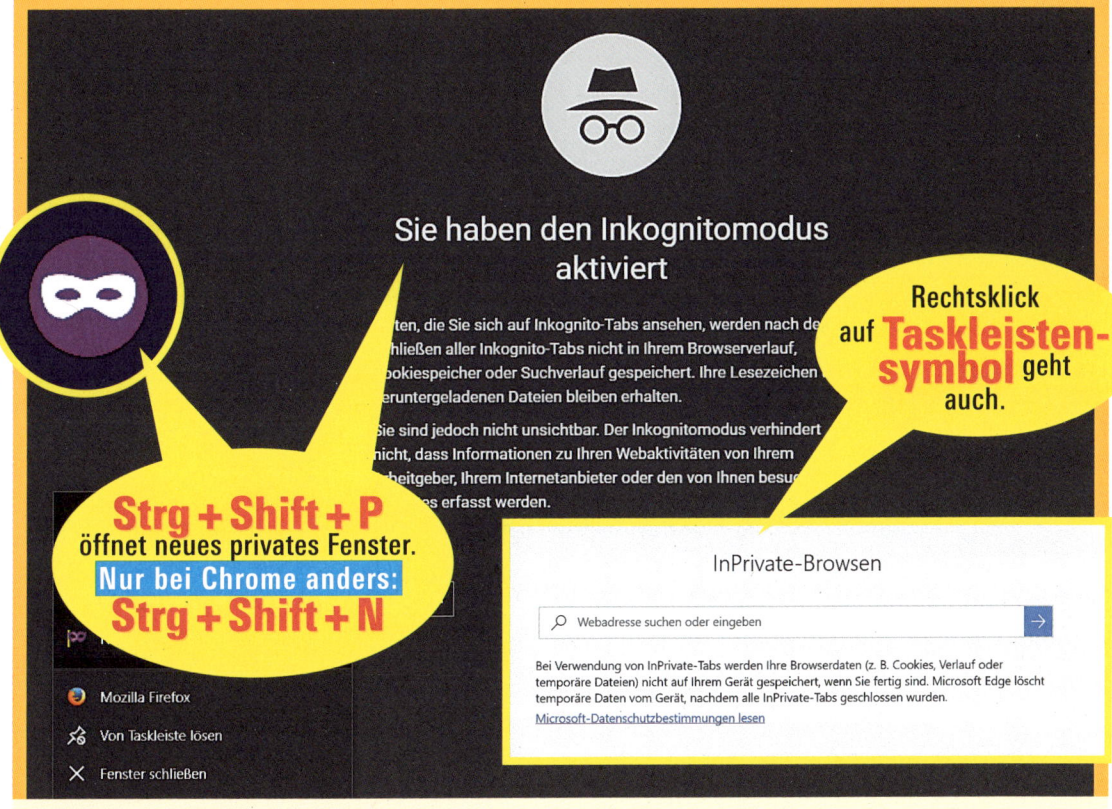

ÜBERALL LAUERN SPIONE vielleicht nicht, aber Sie müssen ja nicht alles dokumentieren. Der Private-/Inkognitomodus vergisst Eingaben, das Downloadprotokoll und den Verlauf Ihrer Webseiten, sobald Sie das Fenster schließen. Sie erreichen ihn schnell über den Shortcut, aber auch per Rechtsklick aufs Taskleistensymbol. Für die Privatsphäre auch interessant ist, Webseiten mitzuteilen, Ihre Aktivitäten nicht zu verfolgen. Den Schalter gibt's in den Einstellungen.

EXTRA: BROWSER ALS ALLESKÖNNER

DER WETTSTREIT zwischen den verschiedenen Anbietern führt zur Entwicklung immer neuer Funktionen, die bald darauf oftmals auch in den anderen Browsern zu finden sind. Längst können Sie mit ihnen viel mehr als nur im Internet surfen.
Hier sind 5 Möglichkeiten, Ihren persönlichen Browser weiter aufzubohren:

1. Add-ons: In alle modernen Browsern können kleinen Zusatzprogramme integriert werden und die unterschiedlichsten Funktionen erfüllen. Dadurch können Sie Ihren Browser zu einem individuellen Werkzeug umformen. Für jede Funktion gibt's mehrere Anbieter. Details und Nutzerbewertungen verraten, wer der beste ist. Weniger ist mehr: Zu viele Add-ons verlangsamen Ihren Browser.

SINNVOLLE ADD-ON-FUNKTIONEN:
Sicherheit: Pop-ups und Werbung blockieren, Ausführen potenziell schädlicher Skripte verhindern, eigene IP-Adresse verschleiern und so Geoblocking umgehen, Passwortmanager, Tracking von Webseiten verhindern
Verwaltung: Tabs-Management, Webseiten als PDF abspeichern oder direkt ausdrucken, Bilder, Videos und MP3s wiederfinden und herunterladen, Browserdesign anpassen
Alltag: Integration von Wörterbüchern, E-Mail-Funktionalität, Instant-Messaging-Dienste, Shopping- und Auktionsplattformen, Wettervorhersage, Deinstaller für nicht mehr benötigte Add-ons

2. Log-in: Nutzen Sie denselben Browser auch auf anderen PCs und Smartphones (und sind Sie dort ebenfalls eingeloggt), werden neue Lesezeichen, Passwörter und mehr auf allen Geräten synchronisiert.

3. Task-Manager: Sie kennen ihn von Windows, aber Chrome hat seinen eigenen: per *Shift + Esc* wird er aktiviert. Stürzt eine Webseite oder ein Add-on ab, können Sie es hier separat beenden. Extra zu Chrome wechseln müssen Sie deswegen aber nicht: Für Firefox und Edge gibt's Task-Manager-Add-ons.

4. Markieren: Das Stiftsymbol oben rechts in Edge lässt Sie direkt auf Webseiten herumkritzeln, Text markieren und Notizen erstellen. Für Firefox und Chrome gibt's diese Funktion per Add-ons.

5. Leseansicht: Wenn Ihnen Webseiten zu unübersichtlich sind, stellt dieser Modus den reinen Text dar. In Edge und Firefox ist es ein kleines Buch-Symbol, für Chrome gibt's die Funktion als Add-on.

Übersicht: Die besten Browser-Shortcuts

Strg + Plus / Minus	Vergrößert / verkleinert die Webseitenansicht.
Strg + T	Öffnet neuen Tab.
Strg + Shift + T	Öffnet zuletzt geschlossene(n) Tab(s) erneut.
Strg + F4 (auch: Strg + W)	Schließt aktuellen Tab.
Strg + linke Maustaste auf Link	Öffnet den Link in neuem Tab im Hintergrund.
Strg + Tab	Wechselt vorwärts durch die geöffneten Tabs.
Strg + Bild auf / ab	Wechselt vorwärts / rückwärts durch die geöffneten Tabs.
Strg + Shift + Tab	Wechselt rückwärts durch die geöffneten Tabs.
Strg + 3	Springt zum dritten geöffneten Tab (Strg + 4 für Tab 4 usw.).
Strg + D	Markiert aktuelle Webseite als Favorit / Lesezeichen.
Strg + F5	Löscht den Cache im Hintergrund und aktualisiert eine Webseite vollständig (F5 aktualisiert ohne Cache).
Alt + Pfeil links / rechts	Wechselt in der Surfhistorie vor und zurück (Backspace springt eine Seite in der Surfhistorie zurück).
Strg + N	Öffnet neues Browserfenster (öffnet neues Fenster in fast jedem Programm).
Shift + Tab	Wechselt rückwärts durch Adress- und Formularfelder.
Strg + F	Öffnet die Leiste für die Begriffssuche auf einer Webseite.
Strg + J	Öffnet die Downloadübersicht im Browser.
Strg + Shift + P	Öffnet neues privates Fenster (in Chrome: Strg + Shift + N).

DEN EXPLORER ERKUNDEN

62 Supertricks zu:

Explorerfenstern, Standardverzeichnis, Aussehen, Suchfunktionen, Anheften, Fensteranordnungen, Drag & Drop, Programmübersichten, Bilddetails, Ordnerlisten, Navigation, Dateiauswahl, Ordneransicht, Dateiendungen und Datentransfer auf Smartphones.

SUPERTRICKS IM WINDOWS EXPLORER

Der Name Ihres Betriebssystems kommt nicht von ungefähr: Jedes Programm läuft in einem Fenster, auf Englisch „window". Und um sich zwischen den verschiedenen Ordnerebenen hin und her zu bewegen und die vielen Fenster zu erkunden, nutzen Sie, wie könnte es anders sein, den Windows Explorer (oder kurz: Explorer – nicht zu verwechseln mit dem Internet Explorer).

ERKUNDEN: Programme und Fenster
Die Arbeit mit diesen Fenstern hat einige Tücken, die Sie mit kleinen Tricks wunderbar umschiffen können: Statt die Größenverhältnisse der Fenster manuell zu verändern, sodass zwei oder mehr nebeneinanderpassen und Ihnen das bequeme Kopieren von Daten erlauben, können Sie dies in Windows automatisch vornehmen lassen. Das klappt mit zwei Bildschirmhälften, aber auch mit den vier Ecken.

Wie in so vielen Bereichen des täglichen Lebens geht der Trend zum Multitasking – und dafür sind zwei Bildschirme besser als einer. Im Gegensatz zu den schon beschriebenen virtuellen Desktops haben Sie hier tatsächlich doppelt so viel Platz zur Verfügung, um Programme und andere Fenster anzeigen zu lassen. Auch das Positionieren von Fenstern auf zwei Monitoren gestaltet sich einfacher, wenn Sie die Tastenkombinationen und Tricks kennen.

Sie verwenden oft mehrere Programme gleichzeitig und haben nicht alle Programmfester sichtbar auf dem Bildschirm? Auch hier gibt es die ein oder andere Tastenkombination, mit der Sie schnell zwischen Anwendungen springen können.

Wenn Sie immer wieder zwischen zwei Programmen wechseln, bietet Alt + Tab eine praktische Abkürzung für den Wechsel, statt immer wieder zur Maus greifen zu müssen. Wollen Sie sich dagegen eher einen Überblick verschaffen und schauen, was momentan (auf wie vielen Desktops) geöffnet ist, hilft die Programmübersicht per Win + Tab.

Oder möchten Sie sich konzentrieren und nur das eine, aktive Fenster sehen? Der schnellste und einfachste Weg ist, das Fenster an der oberen Leiste zu greifen und zu schütteln: Alles andere wird sich minimieren.

Von Ordner zu Ordner navigieren Sie, altbekannt, mit der Maus. Oder Sie probieren die hilfreichen Tastenkombinationen aus, das geht schneller.

KOPIEREN & VERSCHIEBEN: Dateien
Mehrere geöffnete Fenster machen es leicht, zwischen ihnen Dateien hin und her zu kopieren, auszuschneiden, zu verschieben und einzufügen. Mit dem Rechtsklick-Menü der Maus auf die Datei klappt das natürlich auch, aber wer Zeit sparen will oder ganz einfach immer die bequemste Lösung sucht, wird die Alternativen in diesem Kapitel mögen.

VERWALTEN: Dateien und Ordner
Wenn Sie vor dem PC sitzen, hat das meistens einen Grund: Sie wollen irgendeinen Brief verfassen, eine Tabelle anlegen, ein Bild wiederfinden oder Ähnliches – und das möglichst einfach, bequem und komfortabel. Dazu müssen Sie aber nicht nur das jeweilige Programm finden, sondern auch die zu bearbeitende Datei. Per Suchfunktion können Sie innerhalb eines Ordners und dessen Unterordner suchen oder systemweit nach der gewünschten Datei Ausschau halten. Platzhalter und Angaben zu Größe und Änderungsdatum grenzen Ihre Suche weiter ein.

Ist doch mal etwas am falschen Ort gespeichert, hat einen falschen Namen bekommen oder soll neu einsortiert werden?

Der Windows Explorer ist auch hier das Mittel der Wahl. Er zeigt Ihnen die Dateien im ausgewählten Ordner so an, wie Sie es möchten: als Liste, mit vielen Details zu Datum, Größe und mehr, oder als großes Bild.

Denn während es bei normalen Dateien Sinn macht, sich möglichst viele Informationen anzeigen zu lassen, werden die Dateinamen von Bildern meist automatisch von der Kamera vergeben. Hier wollen Sie eher auf einen Blick über eine möglichst große Voransicht sehen, um welches Bild es sich handelt.

DATEN KOPIEREN AUF SMARTPHONES

VERWENDEN SIE EIN ANDROID-, Windows- oder Blackberry-Smartphone? Schließen Sie es an und nutzen Sie es kurz darauf wie einen USB-Stick. Über die bekannte Explorer-Umgebung haben Sie Zugriff auf die Dateien im Telefonspeicher und auf der Speicherkarte. Sie können aber auch Dateien, Musik und Co. auf das Gerät kopieren.
DIE IPHONES und iPads von Apple sind etwas restriktiver, was die Verbrüderung bei der Verbindung angeht. Aber mit dem Apple-eigenen Zusatzprogramm iTunes klappt der Datenaustausch auch hier.

4 ARTEN, DEN EXPLORER ZU ÖFFNEN

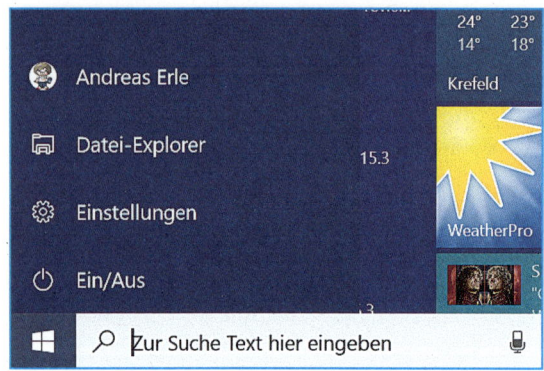

1. Suchfeld: Klicken Sie mit der Maus auf das Lupen-Symbol unten links bzw. direkt in das Suchfeld. Geben Sie den Namen des gesuchten Ordners ein: Ein neues Explorerfenster öffnet sich.

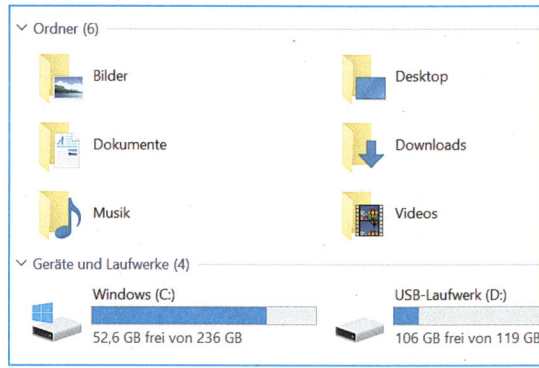

2. Shortcut: Einfacher geht es mit der Tastenkombination Win + E. Sie brauchen zwei Fenster? Einfach noch mal Win + E.

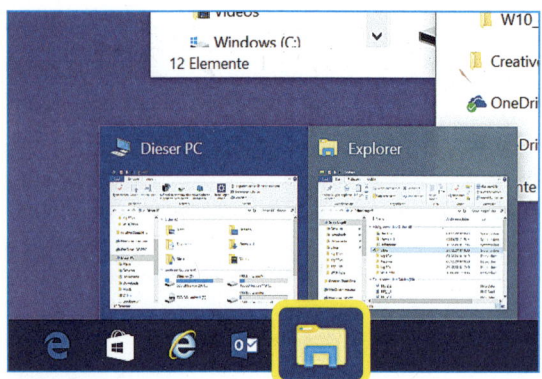

3. Taskleiste: Der Explorer versteckt sich auch als kleines gelbes Ordnersymbol unten in der Taskleiste. Ein Klick darauf öffnet ebenfalls ein neues Explorer-Fenster.

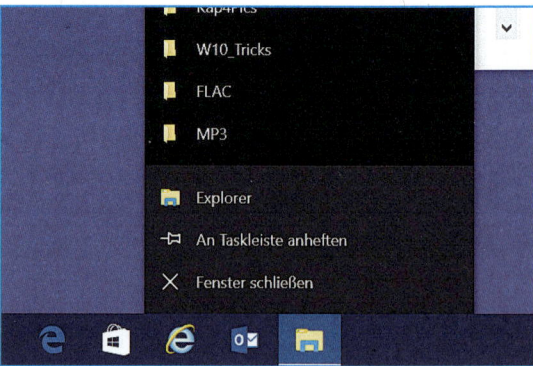

4. Zielordner: Wenn Sie mit der rechten Taste auf das Ordnersymbol in der Taskleiste klicken, können Sie über eine Liste direkt in oft verwendete Ordner wechseln.

MEHR NEUE EXPLORERFENSTER

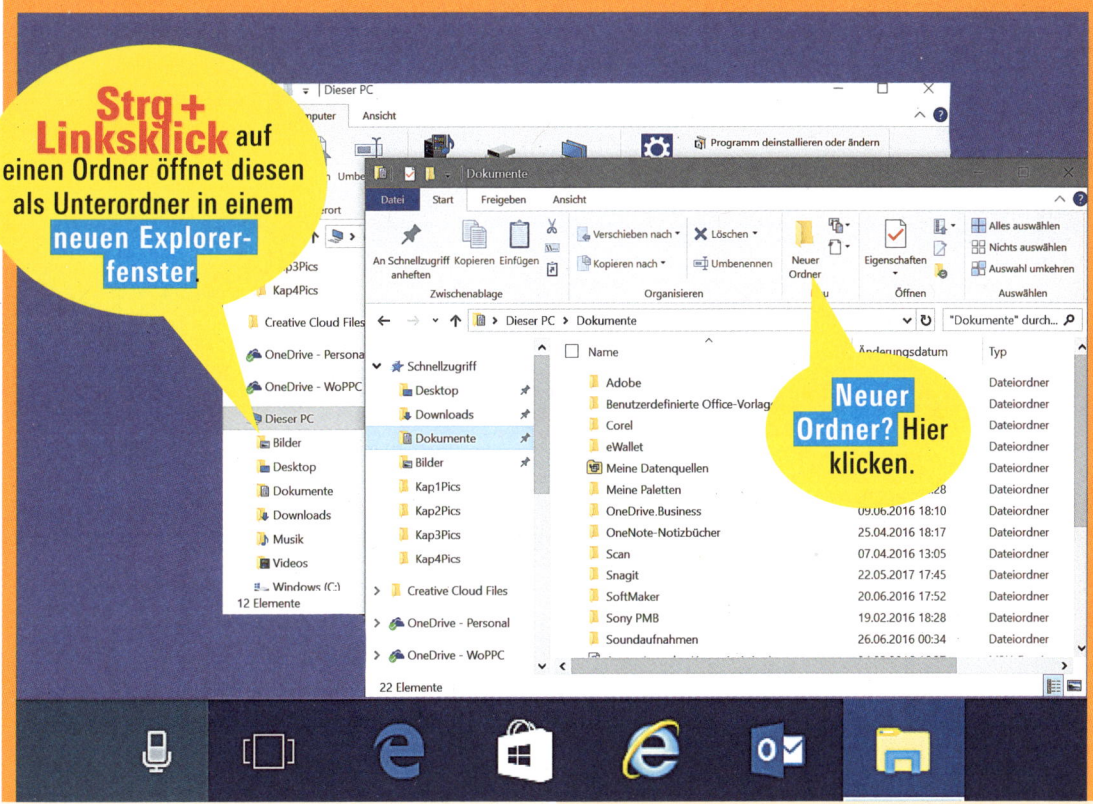

Strg + Linksklick auf einen Ordner öffnet diesen als Unterordner in einem **neuen Explorerfenster**.

Neuer Ordner? Hier klicken.

DER GELBE ORDNER in der Taskleiste ist der Windows Explorer – also das Fenster, in dem all Ihre Ordner, Unterordner und Dateien dargestellt werden. Beim Wechsel von Ordner zu Unterordner bleibt das gleiche Fenster offen.

Schon 1x den Explorer offen? **Mittlere Maustaste** aufs Explorer-Symbol in Taskleiste öffnet ein weiteres Fenster. Praktisch zum Kopieren oder Vergleichen.

STANDARDVERZEICHNIS ÄNDERN

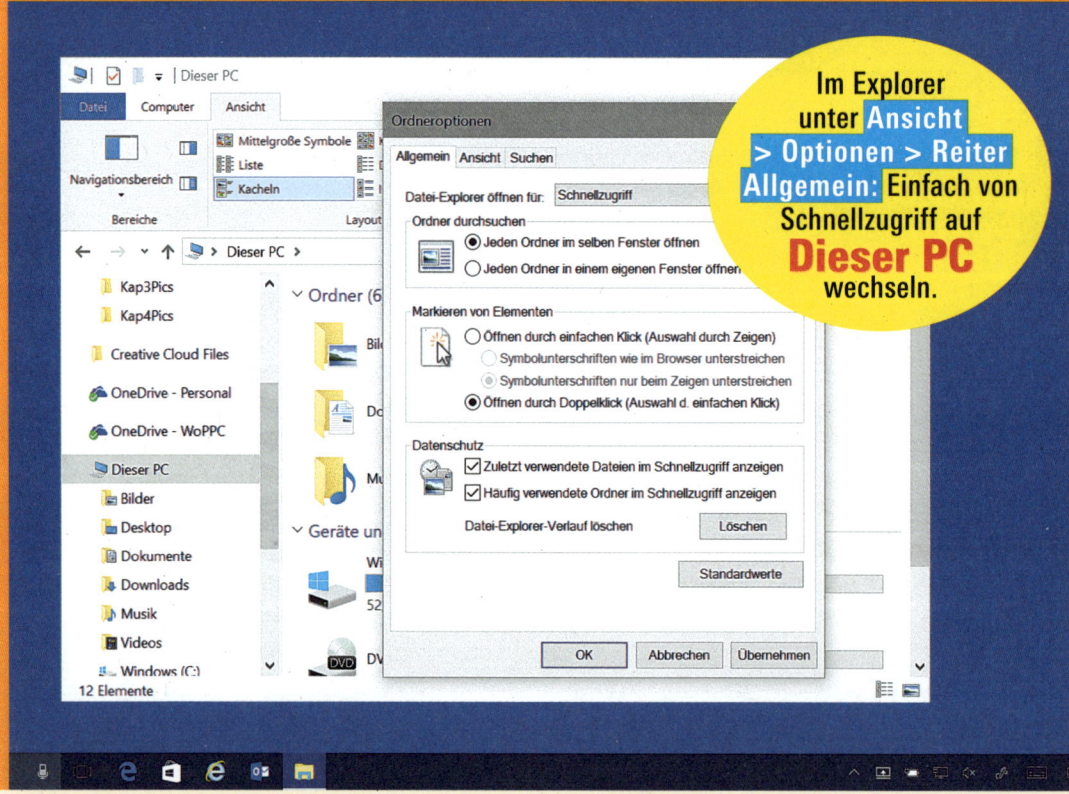

Im Explorer unter Ansicht > Optionen > Reiter Allgemein: Einfach von Schnellzugriff auf **Dieser PC** wechseln.

DAS WAR FRÜHER BESSER: Öffneten Sie damals arglos ein neues Explorerfenster, erschien damit automatisch der „Arbeitsplatz" – was bei Windows 10 „Dieser PC" heißt. Ein sinnvoller Start in die Untiefen des Computers.

SEIT WINDOWS 10 öffnen sich hier aber die Schnellzugriffsbibliotheken. Ärgert Sie das? Benutzen Sie die sowieso nicht? Dann kommt jetzt endlich die gute Nachricht: Sie können das ganz einfach wieder umstellen.

EXPLORERAUSSEHEN ÄNDERN

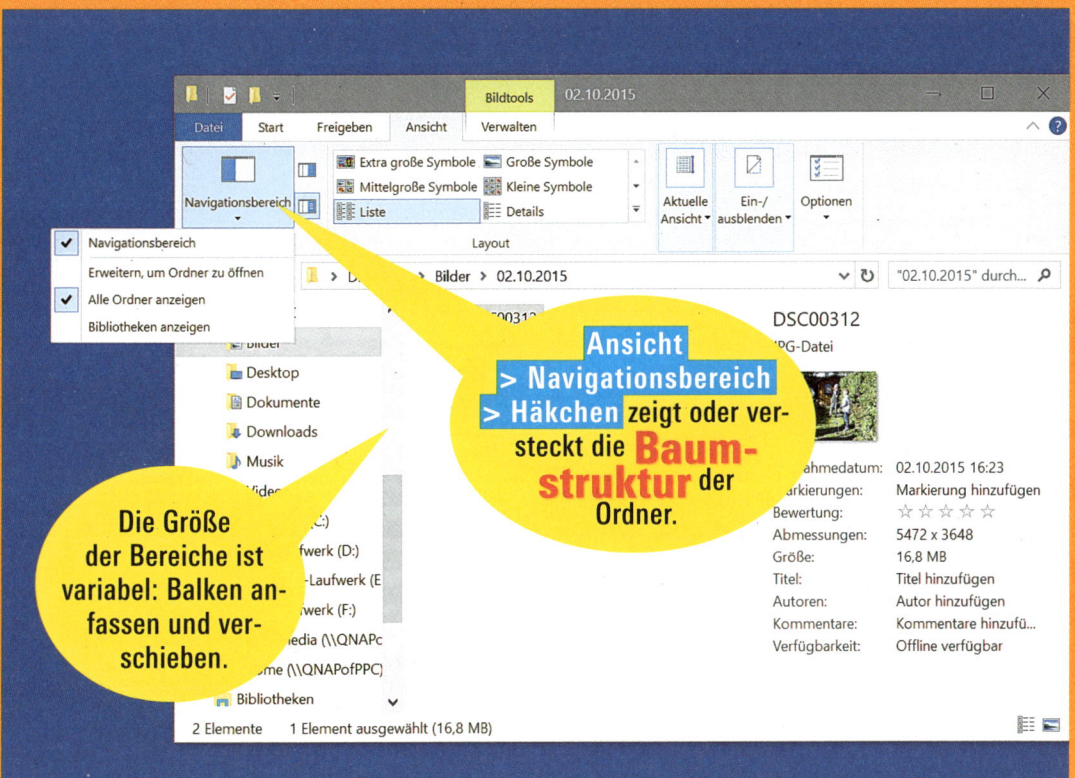

WIE NAVIGIEREN SIE durch die Ordner Ihres Computers? Nutzen Sie die Baumstruktur der Navigationsansicht oder springen Sie in der Ordneransicht von Ebene zu Ebene? Richten Sie sich die Anzeige ein, wie Sie gerne arbeiten.

DIE DATEIVORSCHAU kann unabhängig davon eingestellt werden. Reiter Ansicht > Vorschaufenster blendet eine Vorschau der markierten Datei ein. Detailbereich zeigt eine kleinere Vorschau, dafür mit mehr Infos.

DATEIEN IM ORDNER SUCHEN

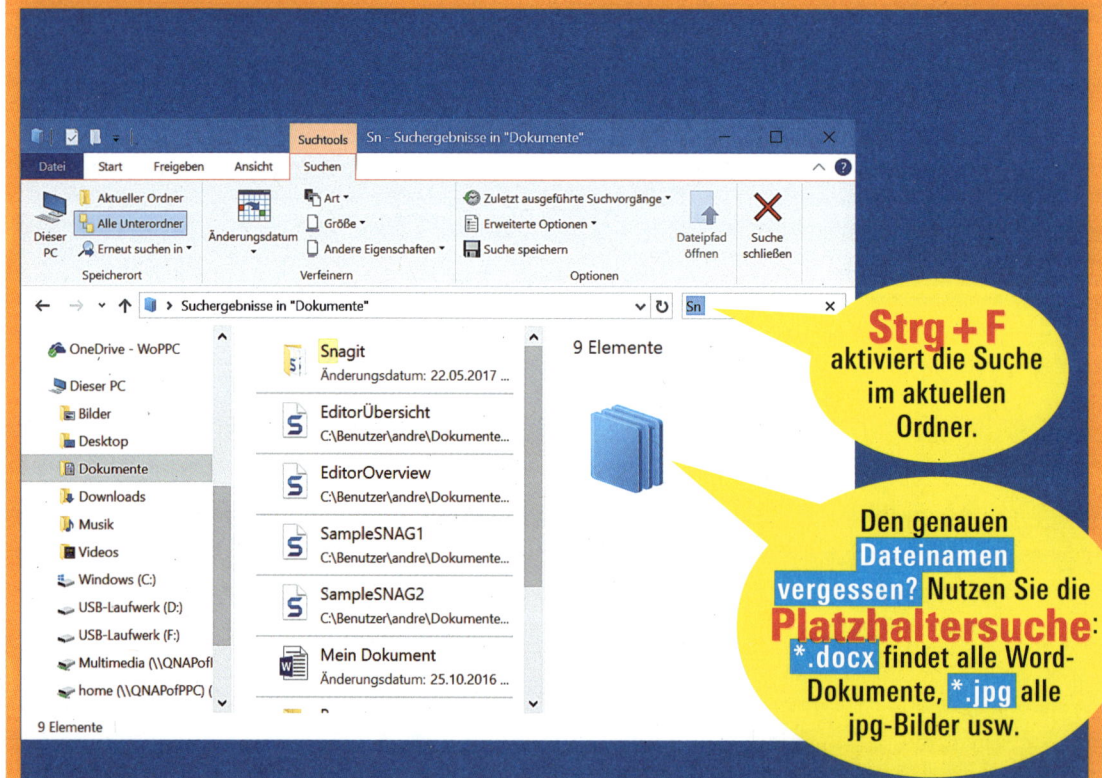

Strg + F aktiviert die Suche im aktuellen Ordner.

Den genauen Dateinamen vergessen? Nutzen Sie die Platzhaltersuche: *.docx findet alle Word-Dokumente, *.jpg alle jpg-Bilder usw.

IRGENDWO IM NIRGENDWO ist die Datei, die Sie jetzt in diesem Moment brauchen. Kennen Sie zumindest noch den Ordner? Dann geben Sie den Dateinamen im Suchfeld oben rechts ein. Windows sucht jetzt im aktuellen Ordner, in allen Unterordnern – und seit Windows 10 sogar innerhalb von Dateien, in die es hineinschauen kann. Haben Sie zu viele Ergebnisse, lässt sich die Suche weiter eingrenzen, indem Sie Größe und Änderungsdatum angeben.

DATEIEN SYSTEMWEIT SUCHEN

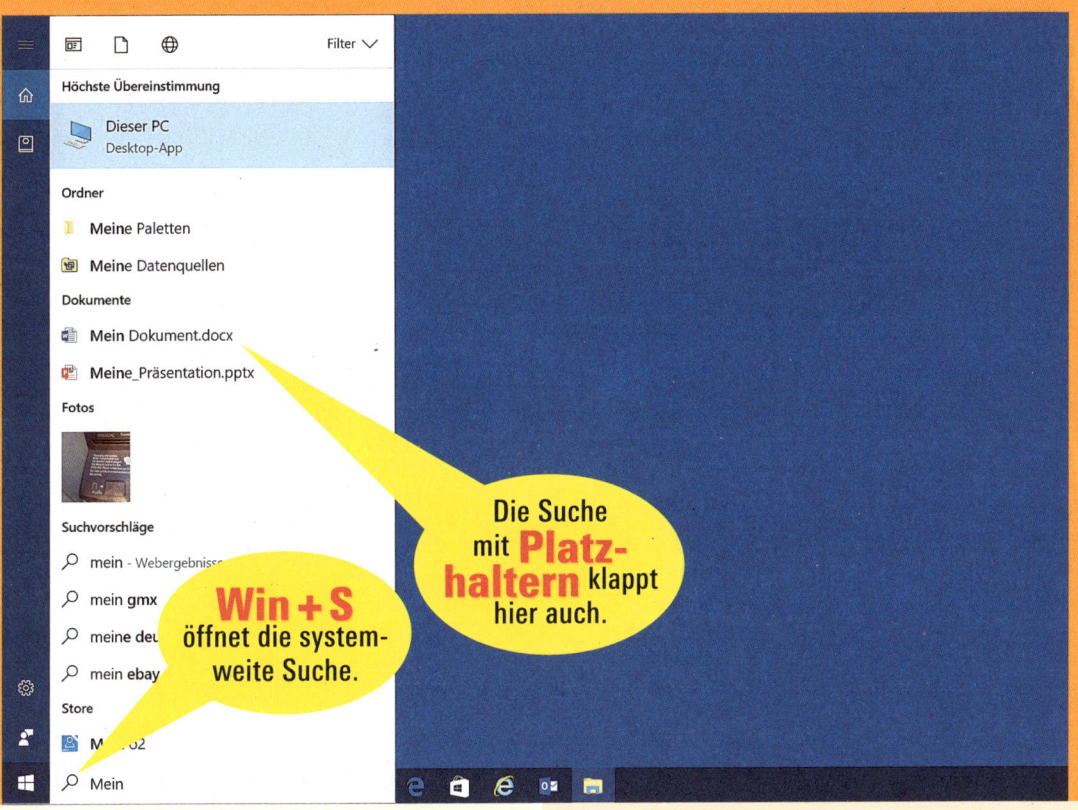

Die Suche mit **Platz-haltern** klappt hier auch.

Win + S öffnet die systemweite Suche.

IRGENDWO, ABER WO? Wenn Sie nicht einmal mehr den Ordner wissen, hilft die systemweite Suche. Tippen Sie den Begriff in das Suchfeld unten in der Taskleiste. Während Sie tippen, erscheinen bereits erste Vorschläge.

Je nach Darstellung Ihrer Taskleiste ist das Suchfeld vielleicht nur als **Lupe** dargestellt. Tippen Sie darauf, dahinter öffnet sich das **Suchfeld**.

AN DIE TASKLEISTE ANHEFTEN

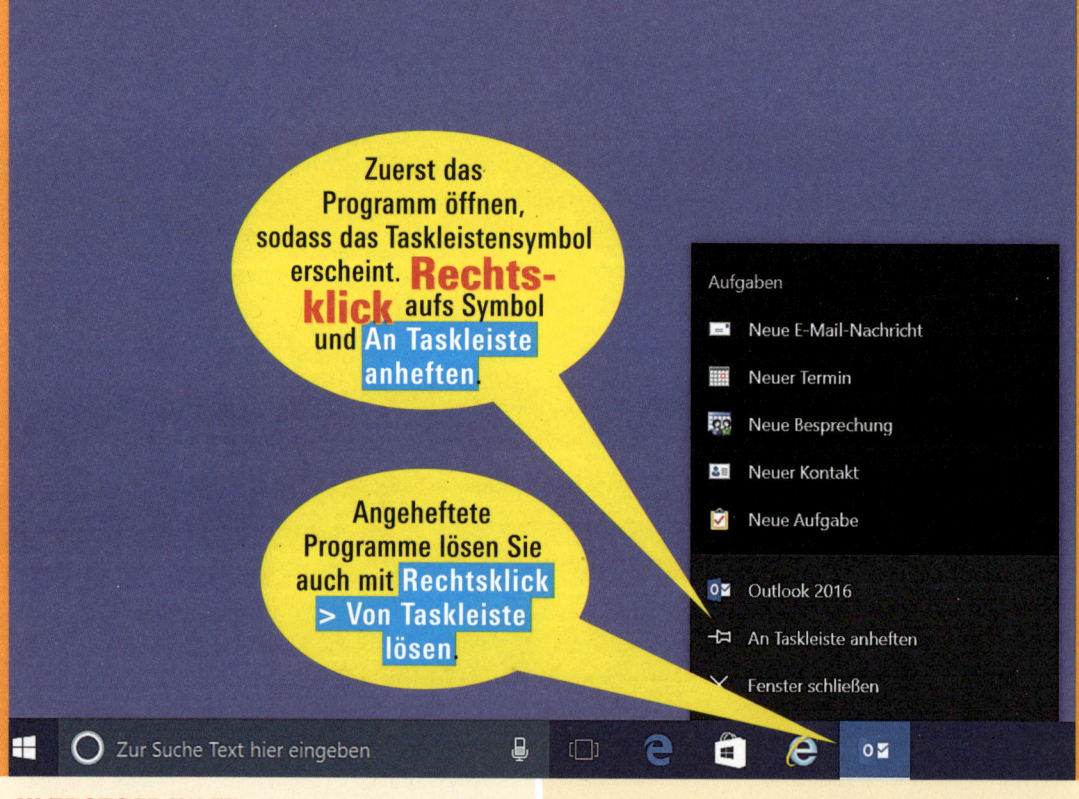

Zuerst das Programm öffnen, sodass das Taskleistensymbol erscheint. **Rechtsklick** aufs Symbol und **An Taskleiste anheften**.

Angeheftete Programme lösen Sie auch mit **Rechtsklick > Von Taskleiste lösen**.

KLEBSTOFF HILFT. Warum lange nach dem Programm suchen, wenn es direkt auf der Taskleiste kleben könnte? So sind Ihre ständigen Begleiter nur einen Klick entfernt. Die Symbole verbrauchen allerdings auch etwas Platz.

Mit **Win + 0 – 9** können Sie direkt angeheftete Programme starten. Das dritte angeheftete Programm starten Sie z. B. mit **Win + 3** – hier den Internet Explorer.

AN DIE TASKLEISTE ANPINNEN

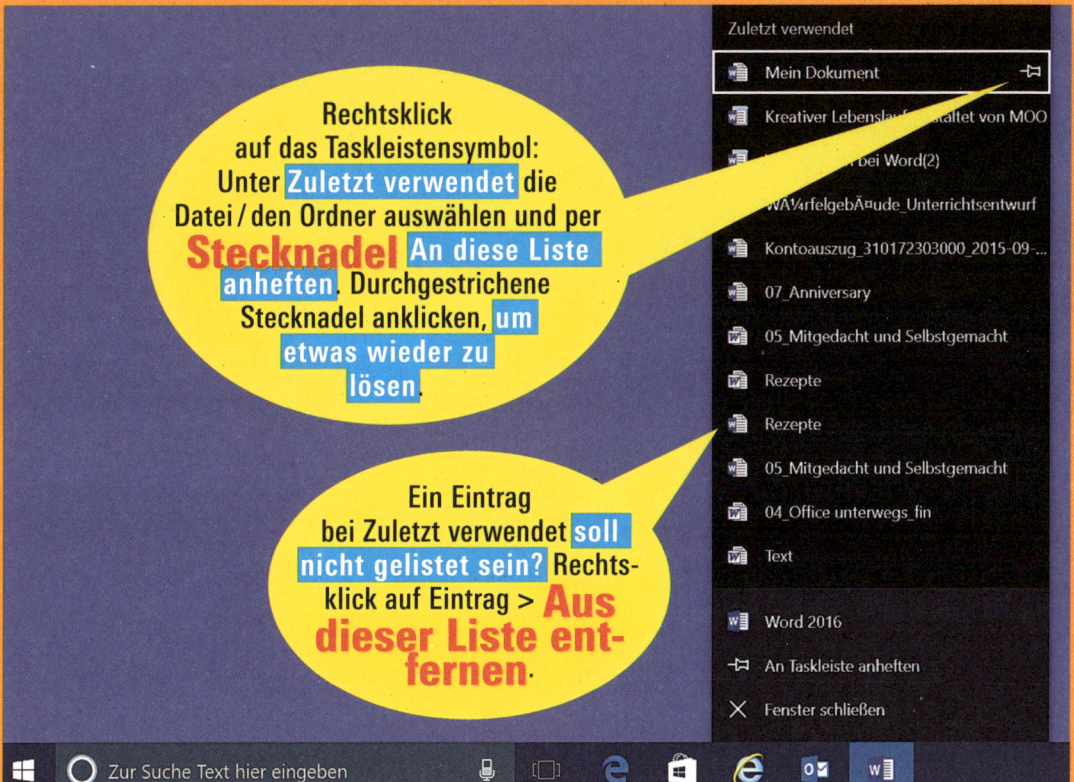

MIT STECKNADELN gelangen Sie noch schneller zur Datei oder dem Ordner Ihrer Wünsche: Innerhalb eines angehefteten Programms können Sie eine gewisse Anzahl Ihrer Lieblingsordner /-dateien ebenfalls anheften.

Per Drag & Drop klappt das Anheften ebenfalls. Einfach den gewünschten Ordner/die Datei auf die Taskleiste ziehen und dort loslassen: Schon ist das Element angeheftet. Klappt bei allen Programmen.

VOLLBILD IN NULLKOMMANIX

Datei | Start | Einfügen | Entwurf | Layout | Referenz | Sendung | Überprü | Ansicht | ACROBA | Sie

Win + Pfeil hoch maximiert auch das aktuelle Fenster. **Win + Pfeil runter** minimiert es in die Taskleiste.

Klick aufs Symbol des aktuellen Fensters in der Taskleiste minimiert es. Noch ein Klick maximiert es wieder.

SIE WOLLEN DOCH was erkennen in dem Fenster! Na also. Dann jetzt mal in richtig groß, die Tastenkombinationen erledigen das für Sie. Wenn Sie die Finger nicht von der Maus lassen können, hat Windows auch dafür etwas parat:

Maximiert das Fenster: **Doppelklick** auf die Titelleiste.

Noch mal Doppelklick darauf, und es schrumpft zur vorherigen Größe.

FENSTER IN 2. MONITOR SCHIEBEN

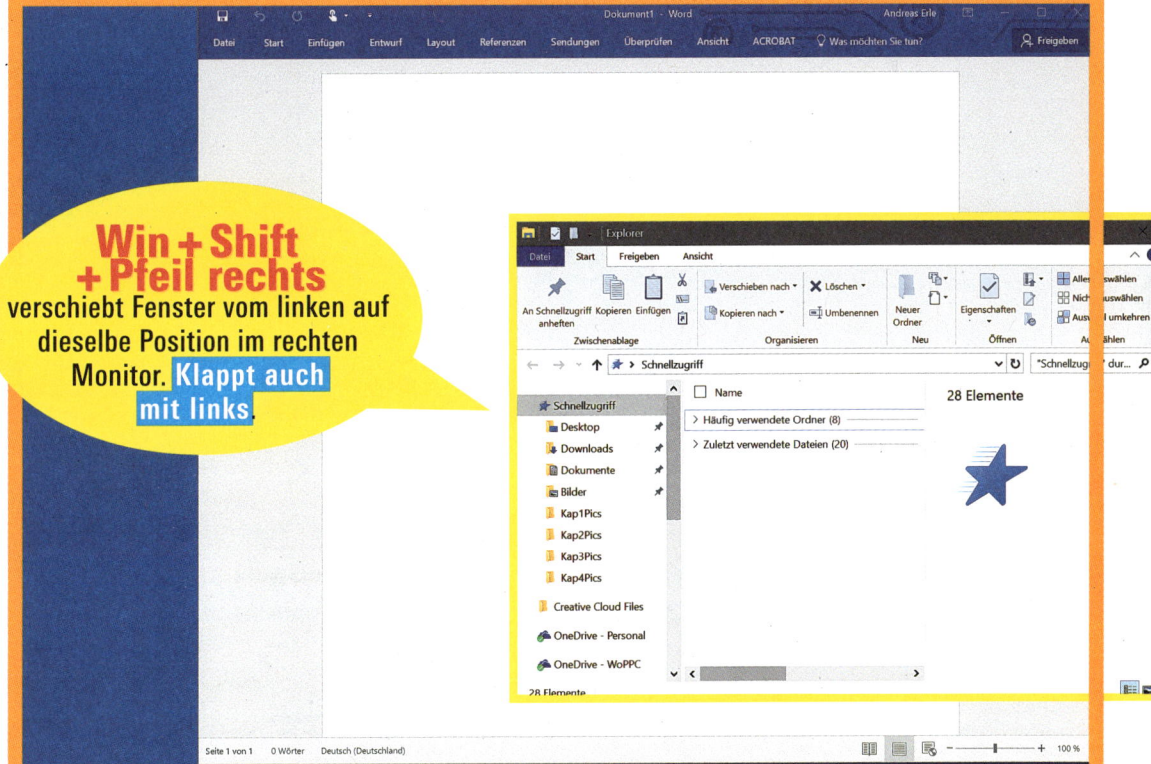

Win + Shift + Pfeil rechts verschiebt Fenster vom linken auf dieselbe Position im rechten Monitor. Klappt auch mit links.

MIT DER MAUS ZIEHEN gilt nicht – das geht einfacher per Shortcut. Besonders, wenn das Fenster eine konkrete Position haben soll. Toll für Excel ist, ein Fenster über beide Bildschirme zu ziehen. Das geht aber nur per Maus.

Win + Pfeil rechts – und noch mal **Pfeil rechts** schiebt ein Fenster schrittweise in den nächsten Monitor. Oder eben **Pfeil links**. Je nachdem.

FENSTER MIT PFEILEN HALBIEREN

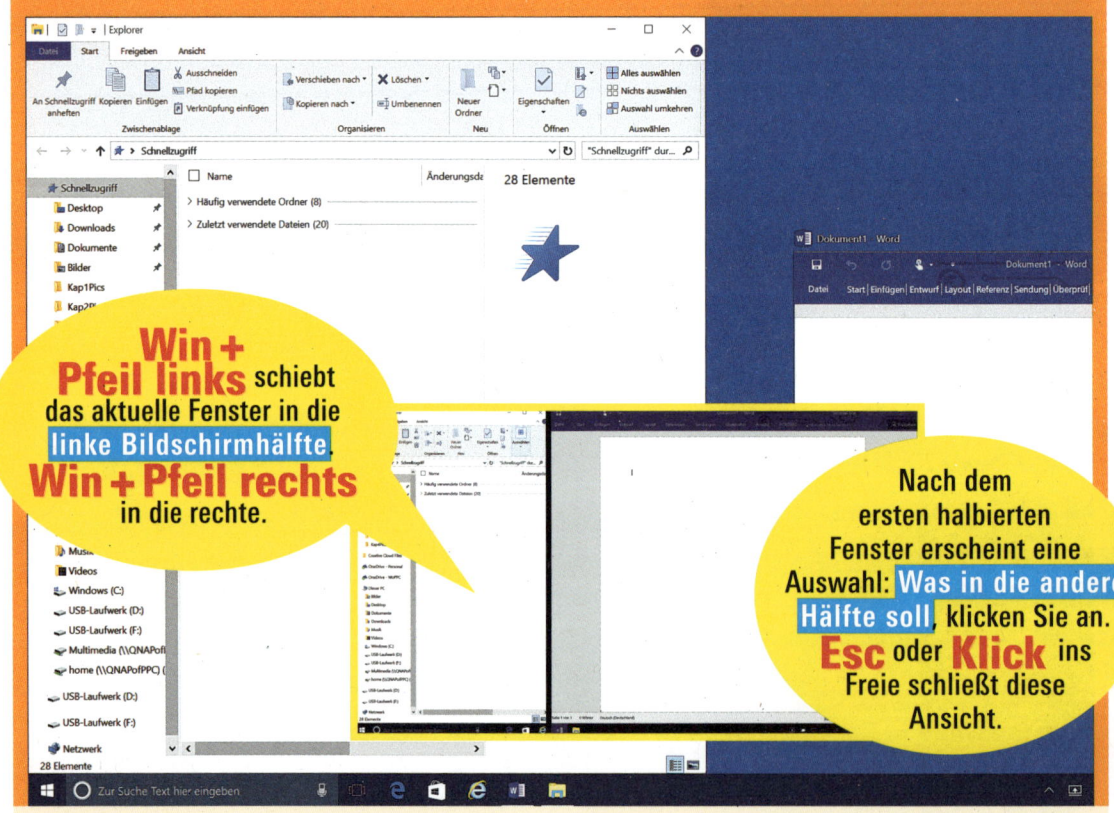

Win + Pfeil links schiebt das aktuelle Fenster in die linke Bildschirmhälfte. **Win + Pfeil rechts** in die rechte.

Nach dem ersten halbierten Fenster erscheint eine Auswahl: Was in die andere Hälfte soll, klicken Sie an. **Esc** oder **Klick** ins Freie schließt diese Ansicht.

FINGER WEG von Rändern und manuellem Gezerre! Die Tastenkombis erledigen diesen Job in einem Wimpernschlag. Mit der Maus geht es auch fix: Greifen Sie die obere Leiste des Fensters und hauen Sie es mit dem Mauszeiger an den linken oder rechten Bildschirmrand. Haben Sie in der Auswahl auch das zweite Fenster ausgewählt, können Sie das Seitenverhältnis verändern. Greifen Sie sich die graue Mittellinie und schieben Sie es so hin, bis Sie Ihnen passt.

FENSTER MIT MAUS ANORDNEN

Der durchsichtige Rand zeigt, wie die Fenster danach aussehen.

Fensterleiste mit der Maus greifen und an einen Bildschirmrand hauen für ein halbes Fenster. Für Vollbild an den oberen Bildschirmrand hauen.

SIE MERKEN SCHON, es gibt mehrere Wege, der Fensteranordnungen Herr zu werden. Der Vorteil der Mausgesten ist, dass Sie über den durchsichtigen Rand eine Vorschau sehen, welche Form das Fenster gleich einnimmt.

Wichtig zu wissen: Wenn Sie mit zwei Monitoren arbeiten, funktioniert das Halbbild für die Seite, an der der Übergang zum zweiten Bildschirm ist, nicht per Mausgeste. Die Shortcuts klappen aber.

4 FENSTER, 4 VIERTEL, KEIN CHAOS

HAT ALLES SEINE ORDNUNG: Auf immer größeren Monitoren können bequem mehrere Fenster offen sein – schön sortiert. Denn seit Windows 10 klappt der Trick zum Halbieren auch zum Vierteln. Das geht per Shortcut und per Maus: Einfach ein Fenster in eine Ecke schieben. Vergrößern Sie das erste Fensterviertel etwas per Hand, wird es unsymmetrisch-übersichtlich: Die übrigen Fenster passen sich an den verbleibenden Platz an.

4 ARTEN, DATEN ZWISCHEN 2 FENSTERN ZU BEWEGEN

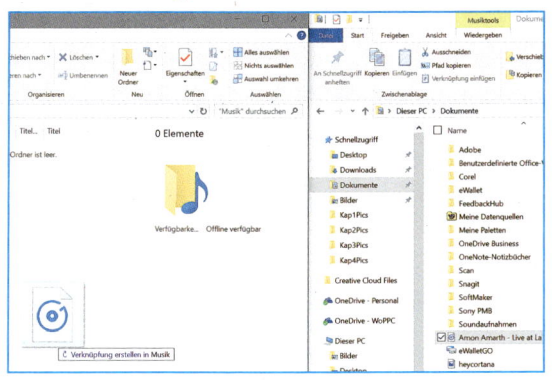

1. Per Maus: Öffnen Sie Quell- und Zielverzeichnis. Fassen Sie die Datei an und ziehen Sie sie einfach hinüber. Sind beide Laufwerke identisch, wird die Datei verschoben, sonst kopiert.

2. Noch mal per Maus: Drücken Sie Strg und klicken Sie die Datei erst dann an. Ziehen Sie sie hinüber. So erstellen Sie immer eine Kopie, egal ob Quelle und Ziel identisch sind oder nicht.

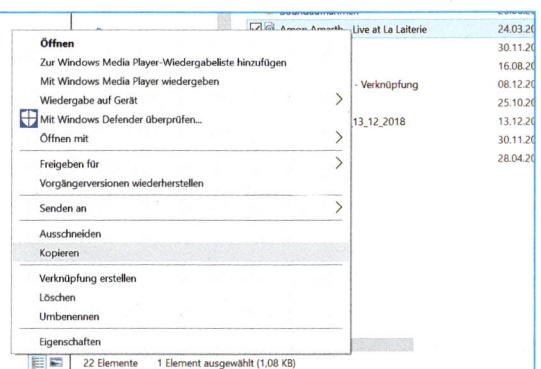

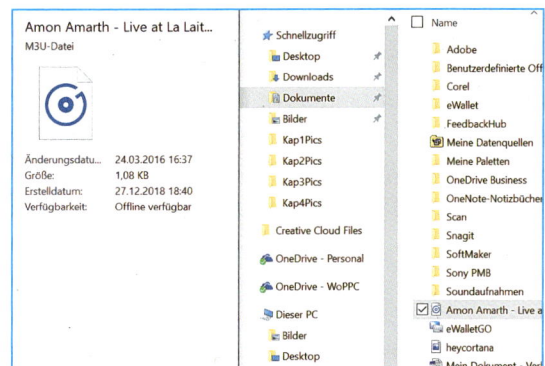

3. Umständlich: *Rechtsklick auf die Datei > Kopieren* (bzw. *Ausschneiden*, zum Verschieben). Im Zielverzeichnis *Rechtsklick ins Leere > Einfügen*.

4. Shortcut: *Klick auf Datei > Strg + C* (zum Kopieren) bzw. *Strg + X* (zum Ausschneiden, also Verschieben). Im Zielverzeichnis einfach *Strg + V* zum Einzufügen.

SCHÜTTELN ZUM MINIMIEREN

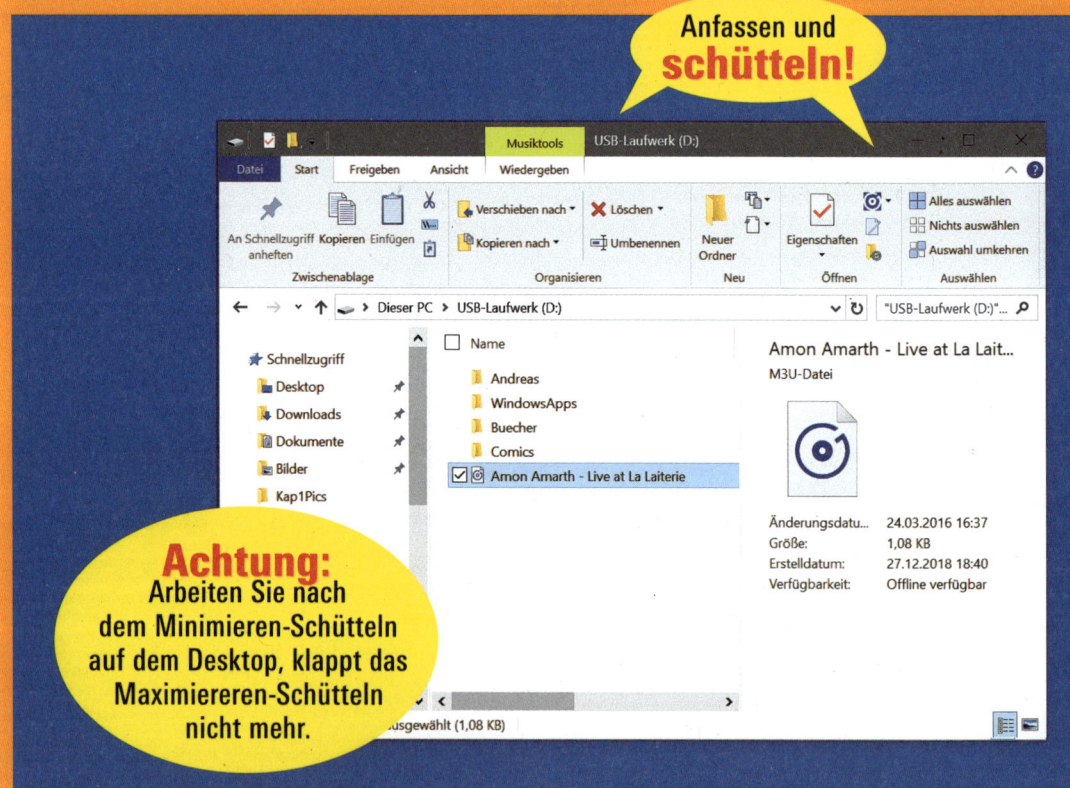

Anfassen und **schütteln!**

Achtung: Arbeiten Sie nach dem Minimieren-Schütteln auf dem Desktop, klappt das Maximiereren-Schütteln nicht mehr.

WIE EINEN COCKTAIL schütteln können Sie ein Fenster: Greifen Sie die obere Leiste des Fensters und bewegen Sie es hin und her. So werden alle Fenster bis auf das aktuelle minimiert. Wenn der Kollege, die Chefin oder jemand anderes im Anmarsch ist, der nicht sehen soll, was Sie alles offen haben, kann das ganz praktisch sein. Ist die Luft rein, einfach noch mal schütteln – dann maximieren sich alle Fenster wieder.

ZIELORDNER SCHNELLER FINDEN

JETZT HABEN SIE DIE DATEI schon in der virtuellen Hand – und wohin nun damit? Fest zupacken und nicht loslassen: Schweben Sie mit der durchsichtigen Datei über den Schaltflächen, öffnen sich Ihnen wie von Zauberhand die Pforten zum gewünschten Zielordner. Zumindest, wenn er angeheftet ist oder auf dem Desktop liegt. Ziehen Sie die Datei auf ein Programmsymbol in der Taskleiste, wird sie stattdessen darin geöffnet – sofern das möglich ist.

SCHNELL VON A ZU B WECHSELN

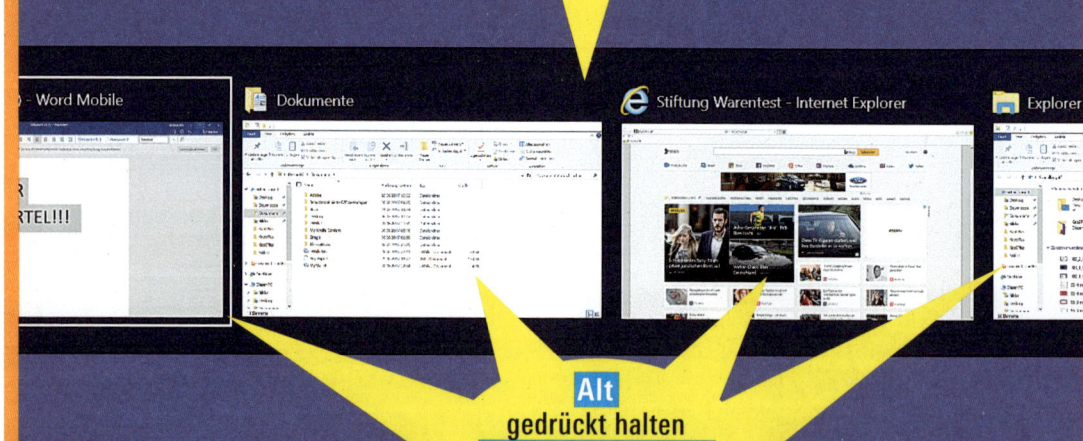

Alt + Tab öffnet die Übersicht.

Alt gedrückt halten > Tab springt zum nächsten Programm / Ordner.

SPRINGEN SIE ZWISCHEN zwei oder mehr Programmen regelmäßig hin und her? Dann ist jeder Griff zur Maus und ein Klick in die Taskleiste mühsam. Mit dieser Tastenkombination wechseln Sie im Handumdrehen.

Alt + Tab – und dann **Alt** gedrückt halten: So können Sie auch per Maus aus der Übersicht wählen. Mit dem **roten X** schließen Sie Fenster in der Übersicht.

ALLE FENSTER AUF EINEN BLICK

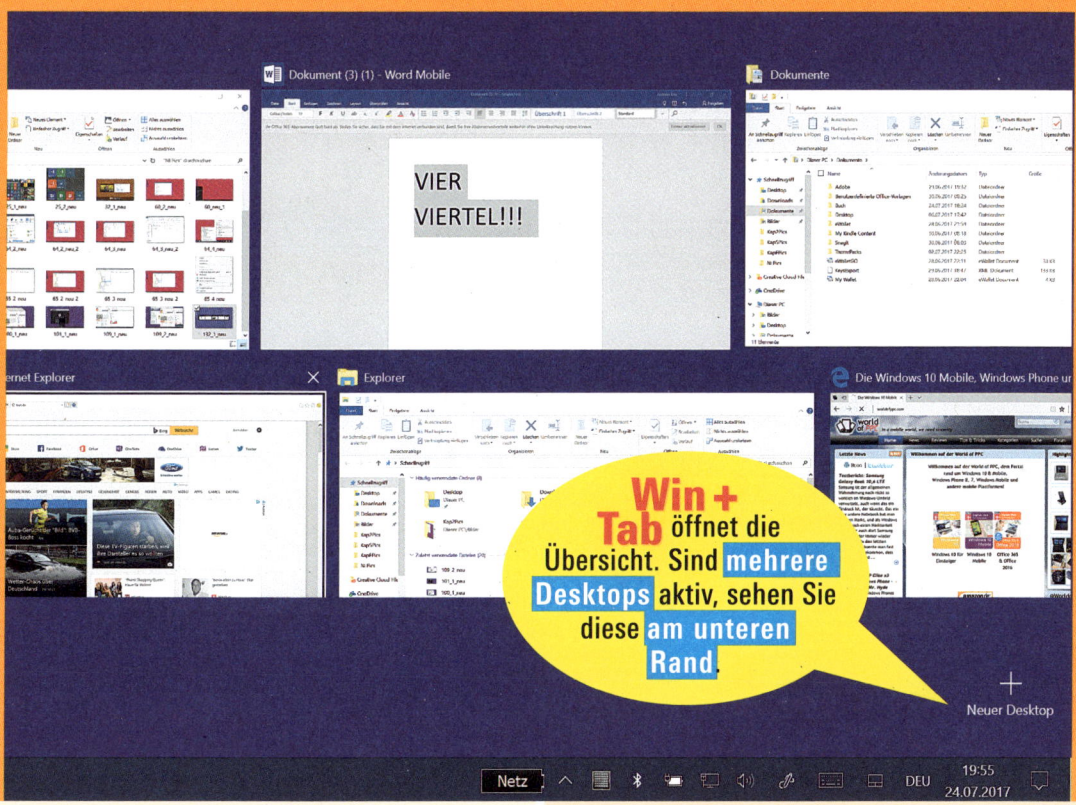

GANZ IN RUHE NACHSEHEN, was eigentlich alles geöffnet ist: Das klappt mit der großen Programmübersicht. Hier werden Ihnen auch erkennbar groß die Fensterinhalte der Ordner und Programme angezeigt.

Bei Touchscreens klappt **wischen von rechts** in den Bildschirm, um diese Übersicht angezeigt zu bekommen.

BILDER MIT VIELEN DETAILS

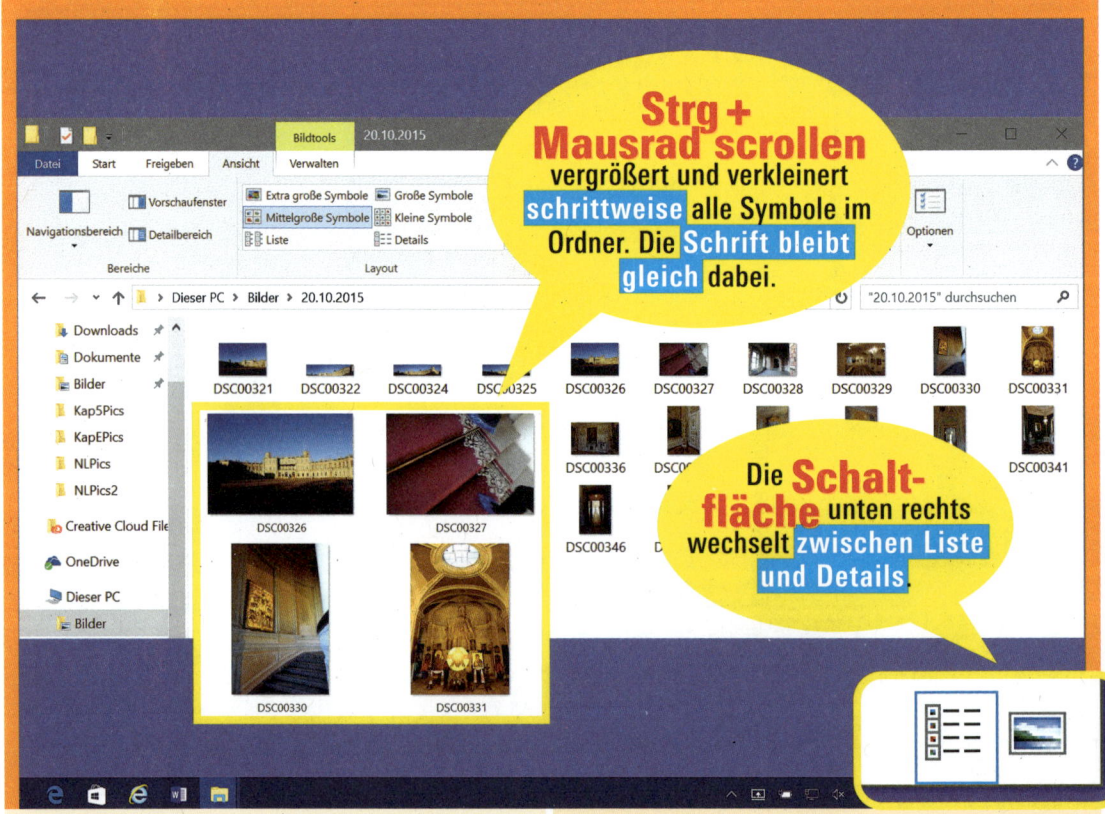

MANCHE SYMBOLE in Ordnern sind einfach zu klein. Auf Fotos erkennt man dann gar nichts. Der Explorer versucht war, automatisch die Darstellung dem Ordnerinhalt anzupassen, aber wenn das nicht klappt, hilft dieser Trick.

Im **Explorerfenster > Reiter Ansicht** finden Sie eine Übersicht über verschiedene Darstellungsgrößen für die Symbole.

LISTEN MIT VIELEN DETAILS

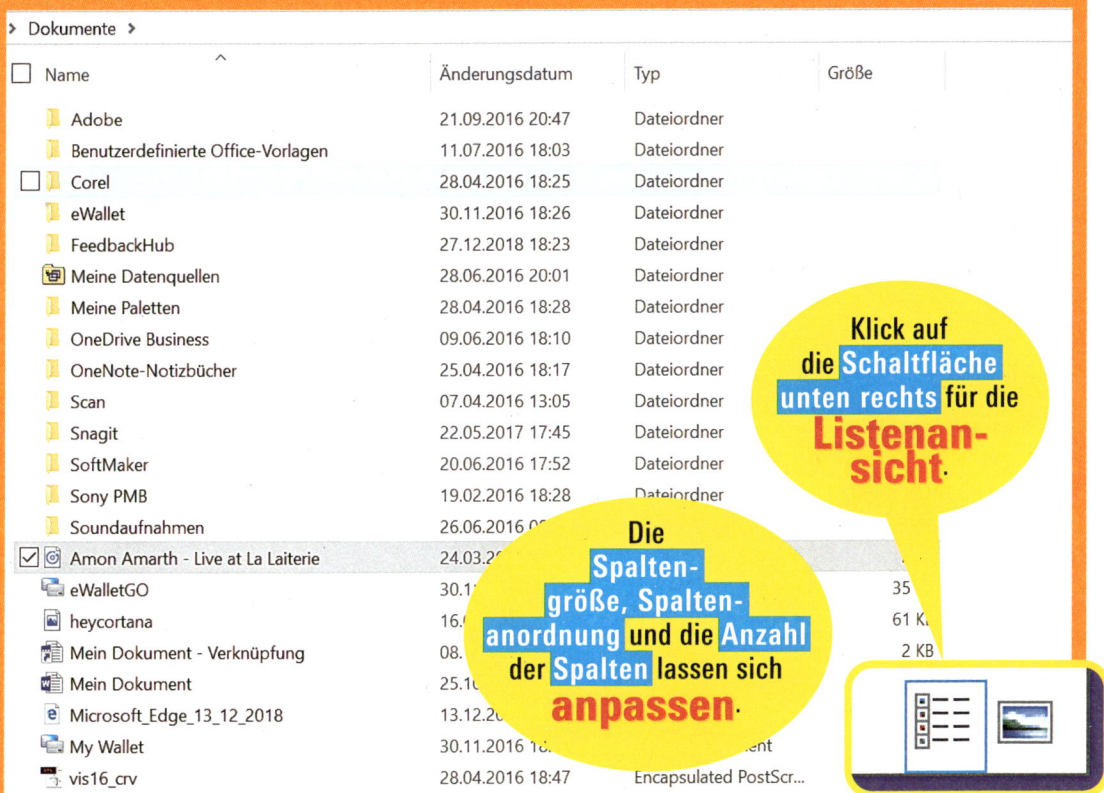

Klick auf die Schaltfläche unten rechts für die Listenansicht.

Die Spaltengröße, Spaltenanordnung und die Anzahl der Spalten lassen sich anpassen.

WAS, WANN, WO und wie groß: Die Liste weiß alles, wenn Sie den Überblick zu verlieren beginnen. Über den Wechsel in der Ansicht werden Ihnen Standardinformationen wie Größe, Änderungszeitpunkt und Dateityp angezeigt.

Rechtsklick in den Listenkopf öffnet viele weitere Optionen, die Sie an- oder abwählen können. Die Breite der Spalten können Sie nach Belieben auf- und zuziehen. Die Spaltenanordnung verschieben Sie per Drag & Drop.

SHORTCUTS ZUR NAVIGATION

Alt + F4 schließt aktuelles Fenster.

Alt + Enter öffnet die Eigenschaften einer Datei.

Backspace führt immer zum jeweils letzen Ordner zurück, unabhängig von der Ebene.

Alt + Pfeil hoch wechselt in den nächsthöheren Ordner.

Strg + Doppelklick auf Ordner öffnet Ordner in neuem Fenster.

VOR, ZURÜCK, ZUR SEITE und nach oben bzw. unten. Navigieren müssen Sie im Explorer sowieso – mit ein paar hilfreichen Tastenkombis klappt's aber viel einfacher, als mit der Maus ständig auf die Schaltflächen zielen zu müssen.

Alt + Pfeil links geht den Dateipfad zurück, den Sie gekommen sind.
Alt + Pfeil rechts geht den Dateipfad danach wieder vorwärts.

SHORTCUTS ZUR DATEIAUSWAHL

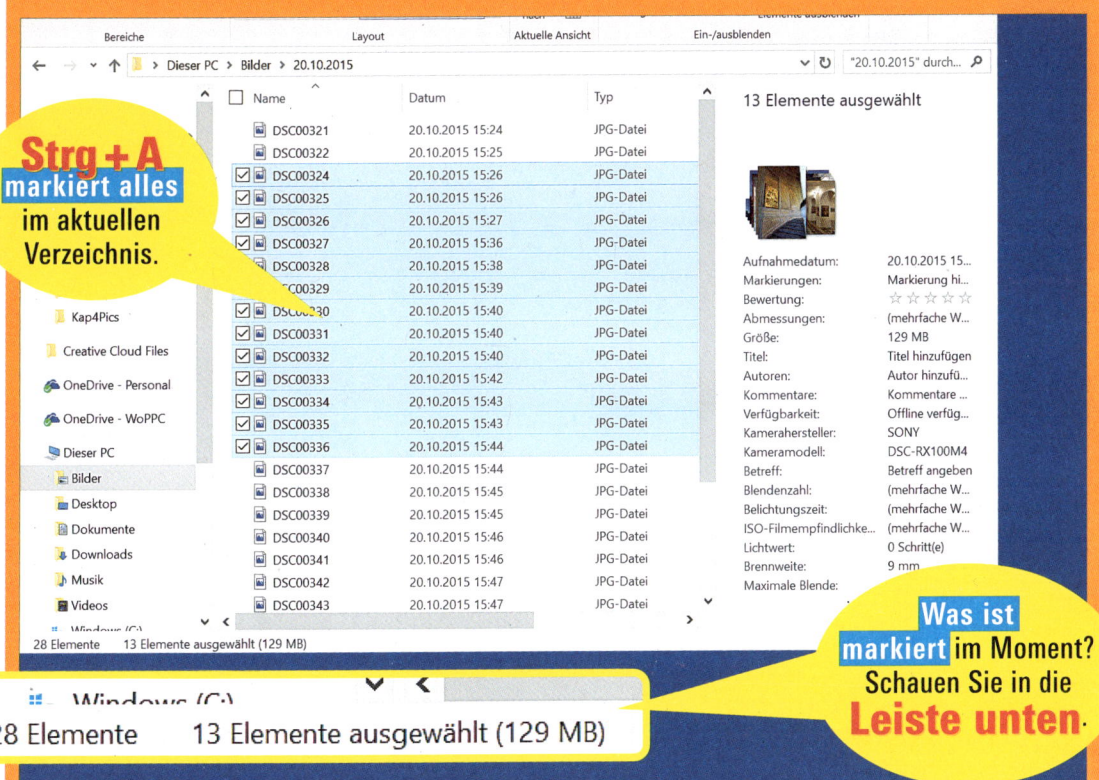

WIE DIE ORDNERNAVIGATION klappt auch das Springen zwischen und Markieren von Dateien und Ordnern per Tastenkombis. Klick auf Datei, um sie zu markieren. Danach: Strg + Klick markiert neben der bereits markierten jeder weitere. Strg + Shift + Klick auf eine entfernt liegende Datei markiert diese und alle dazwischenliegenden. Strg + Shift + Pfeil runter / rauf markiert schrittweise alle weiteren Dateien. Strg + Pos 1 / Ende springt zum Anfang / Ende.

ORDNERANSICHT NACH MASS

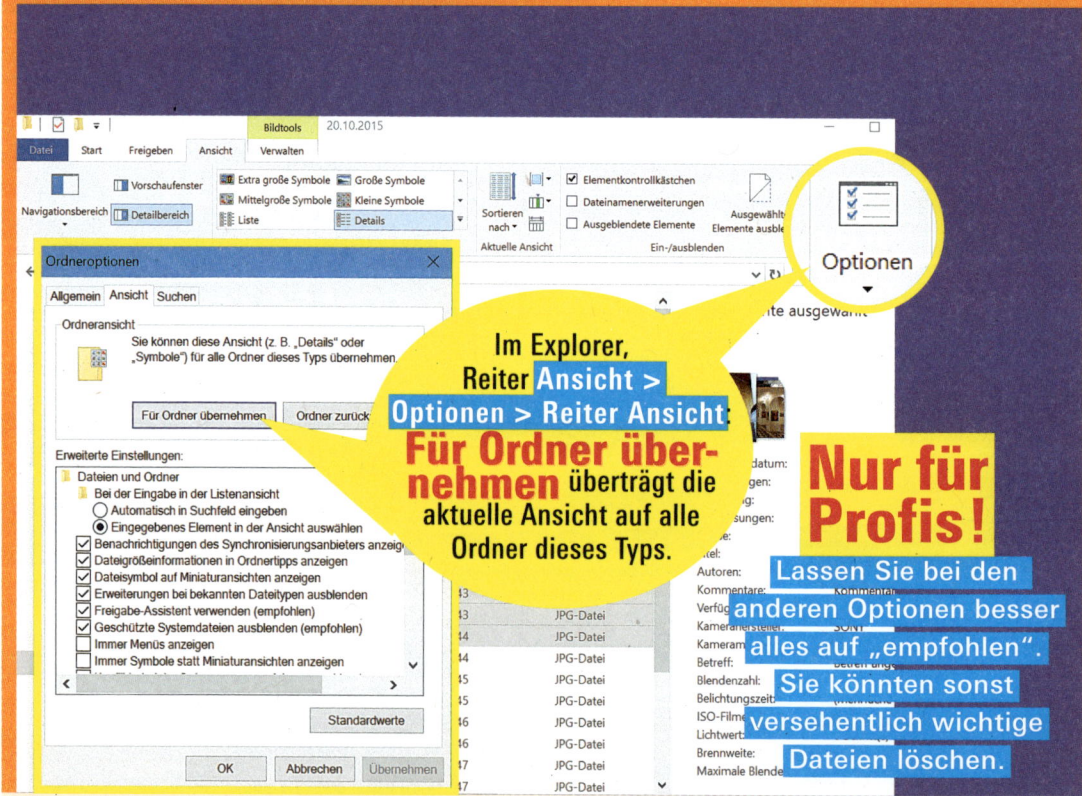

Im Explorer, Reiter Ansicht > Optionen > Reiter Ansicht: **Für Ordner übernehmen** überträgt die aktuelle Ansicht auf alle Ordner dieses Typs.

Nur für Profis! Lassen Sie bei den anderen Optionen besser alles auf „empfohlen". Sie könnten sonst versehentlich wichtige Dateien löschen.

ALLE ORDNER SOLLEN SO AUSSEHEN, wie Sie es einmal eingestellt haben, ohne dass Sie es für jeden Ordner neu einstellen müssen? Stellen Sie Ihre gewünschte Ansicht ein – ob Liste, Details oder große Bilder – und aktivieren Sie in den Ordneroptionen die entsprechende Option. Sie können sich hier auch versteckte und systemrelevante Dateien anzeigen lassen. Windows empfiehlt da nicht. Falls Sie wissen, was Sie tun, ist das durchaus interessant.

DATEIENDUNGEN SEHEN

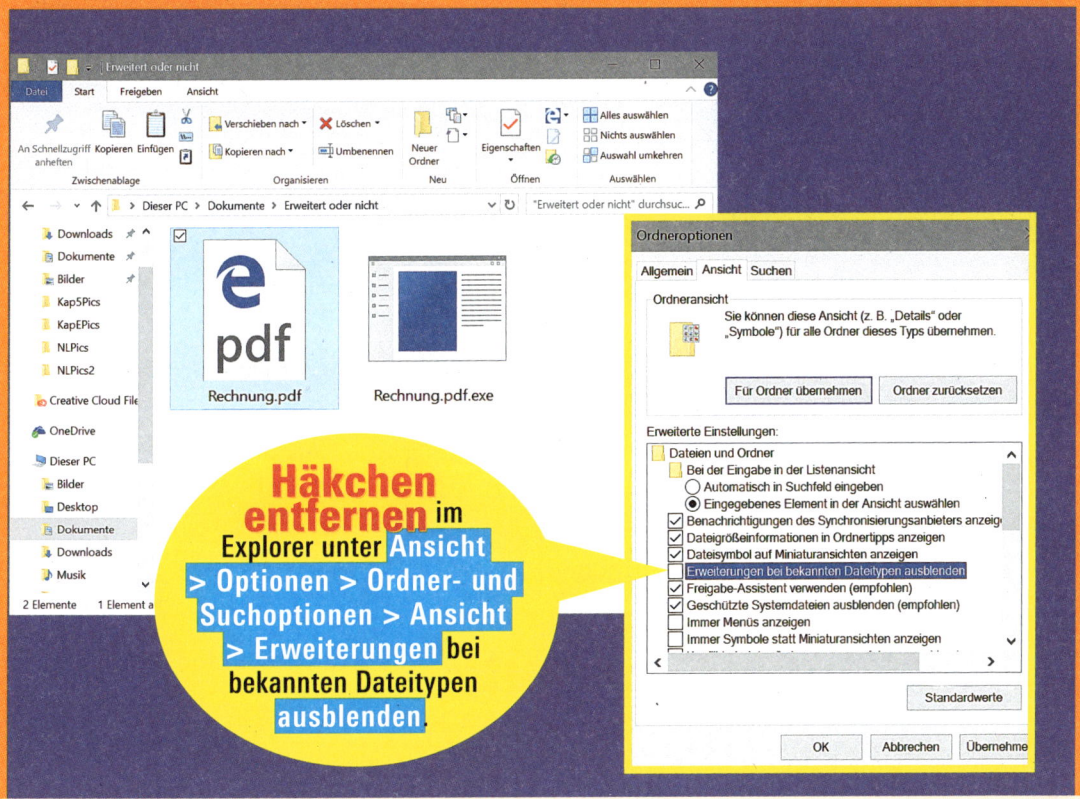

Häkchen entfernen im Explorer unter Ansicht > Optionen > Ordner- und Suchoptionen > Ansicht > Erweiterungen bei bekannten Dateitypen ausblenden.

RECHNUNGEN PER MAIL werden immer üblicher. Aber nicht alle sind echt. Was als gewöhnliche PDF oder Excel daherkommt, kann eine ausführbare Datei sein, z. B. ein Virus, den Sie dank gutgläubigem Doppelklick selbst aktivieren. Die Masche lässt sich aber einfach durchschauen: Lassen Sie sich einfach die Dateiendungen anzeigen. So sehen Sie, um welchen Typ Datei es sich wirklich handelt, und können verdächtige Dateien einfach löschen.

DATEIEN AUF DAS SMARTPHONE

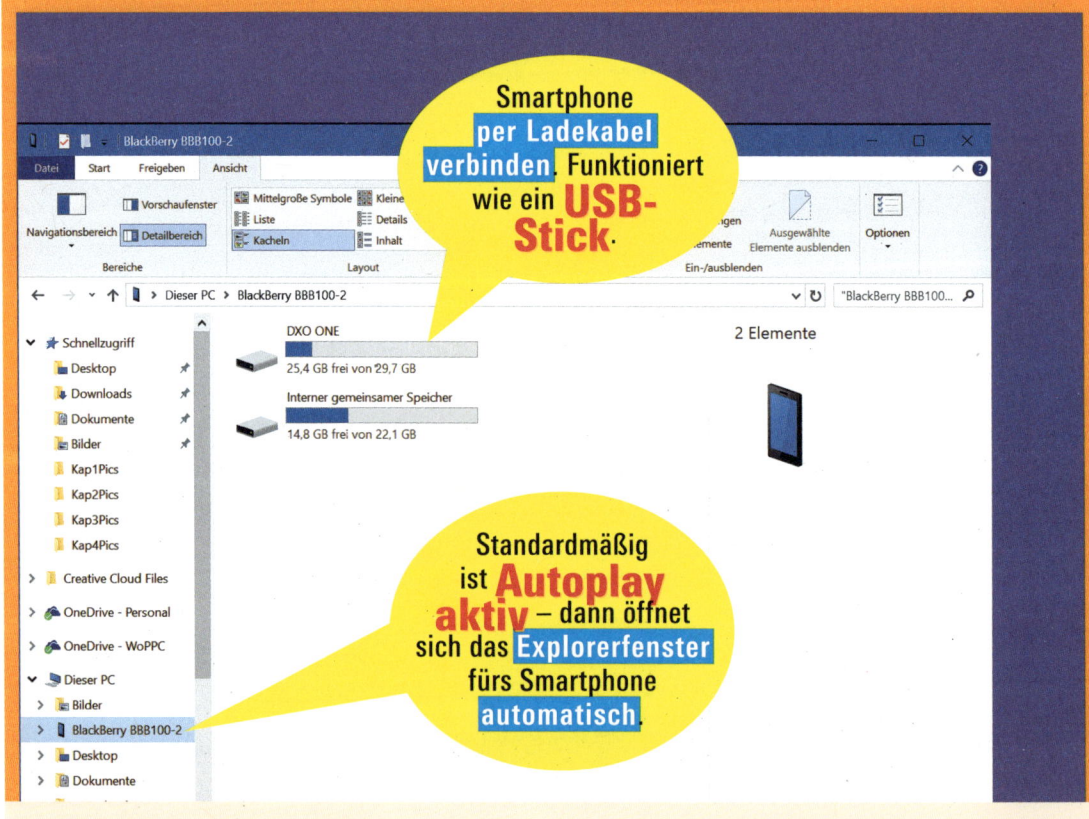

KEINE ZUSATZPROGRAMME sind nötig, um Dateien auf ein Smartphone mit Android oder Windows 10 Mobile zu kopieren: Einfach anschließen und ggf. im automatischen Dialog der Datenübertragung zustimmen. Das Handy wird jetzt wie ein USB-Stick oder eine externe Festplatte unter Dieser PC angezeigt. Navigation durch die Ordner und Dateien zu verschieben geht wie gewohnt. Öffnet sich doch ein Zusatzprogramm, können Sie es meist ignorieren.

DATEIEN AUF DAS IPHONE

iPhone / iPad anschließen > Klick aufs iPhone-Symbol > Apps > Dateifreigabe. Klicken Sie eine App an – über diese Ansicht **klappt der Austausch**.

Die Dateien werden bei der nächsten **Synchronisation** übertragen und stehen dann im angewählten Programm zur Verfügung.

APPLE IST SEHR RESTRIKTIV, wenn es um den Speicherzugriff eines iPhones oder iPads geht. Angeschlossen per Kabel, können Sie nur Bilder der Kamera auf den PC kopieren, eine Übertragung von Dateien auf das Apple-Gerät geht über den Explorer nicht. Dafür brauchen Sie iTunes.
Der Vorteil: iTunes gibt's bei Apple kostenlos.
Der Nachteil: Es gräbt sich tief ins Windows-System ein, man wird es kaum wieder los.

EXTRA: NOCH MEHR GEHEIME EXPLORER-FUNKTIONEN

DER EXPLORER IST MEHR als eine reine Ansicht für Dateiordner. Einige Optionen sind allerdings nicht sehr offensichtlich. Die Übersicht zeigt einige dieser Spezialoptionen.

1. Dateien stapelweise umbenennen: Nehmen wir an, Sie haben Urlaubsfotos vom Smartphone und von zwei Kameras. Drei unterschiedliche Dateinamen, schlecht für eine chronologische Präsentation. Der Explorer hilft weiter. Kopieren Sie alle Dateien in einen Ordner und sortieren Sie nach Datum. Per *Strg + A* markieren Sie alles. *Rechtsklick auf die erste Datei > Umbenennen*. Alle Dateien folgen dem Muster, bspw.: Italien (1), Italien (2) usw. – und sind chronologisch. Falscher Urlaubsort, falsche Sortierung? *Strg + Z* macht die letzte Aktion rückgängig.

2. Effekte deaktivieren: Windows 10 läuft auch auf vielen älteren PCs. Aber nicht jeder hat die Ressourcen, andauernd Details in höchster Qualität darzustellen. Deaktivieren Sie Schatten, Animationen, durchsichtige Flächen usw., um Ihrem Rechner wieder Luft zum Atmen zu verschaffen: *Win + Pause* oder *Rechtsklick auf Dieser PC > Eigenschaften*. Hier auf *Erweiterte Systemeinstellungen > Eigenschaften* im Feld *Leistung*. *Übernehmen*.

3. Datenschutz: Windows will Ihnen helfen, möglichst bequem zu arbeiten. Deshalb sollen Sie auch Ihre zuletzt verwendeten Dateien möglichst schnell wiederfinden. Andererseits ist auch offline am eigenen PC Privatsphäre wichtig. Sie können daher einstellen, ob Ihre zuletzt verwendeten Dateien im Schnellzugriff angezeigt werden sollen oder nicht: *Reiter Ansicht > Optionen > Datenschutz*. Hier ggf. beide Häkchen entfernen.

4. Navigationsbereich anpassen: Wenn Sie die Seitenleiste im Explorer eingeblendet haben, können Sie sie noch weiter anpassen. Per *Rechtsklick auf einen freien Bereich* dort haben Sie die Option, die *Bibliotheken* ein- oder auszublenden, den jeweils *aktuellen Ordner* immer mit eingeblendet zu haben oder sich *alle Ordner* einblenden zu lassen – inklusive Papierkorb und Systemsteuerung.

5. Noch mehr Shortcuts: Wenn Sie die Reiter und Schaltflächen nicht jedes Mal mit der Maus anpeilen wollen, drücken Sie einfach einmalig *Alt*: Jetzt werden kleine Buchstaben und Ziffern eingeblendet. Drücken Sie bspw. *A*, um zum Reiter Ansicht zu gelangen, und danach *Y*, gefolgt von *O* für die Ordneroptionen. Groß- und Kleinschreibung ist egal. Erneut *Alt* beendet den Modus.

Übersicht: Die besten Explorer-Shortcuts

Shortcut	Funktion
Win + E	Öffnet ein neues Explorer-Fenster.
Strg + F	Aktiviert die Suche im aktuellen Ordner.
Win + S	Aktiviert die systemweite Suche.
Win + Pfeil rechts / links	Halbiert Fenster genau auf rechte / linke Bildschirmhälfte.
Win + Pfeil hoch	Maximiert Fenster.
Win + Shift + Pfeil rechts / links	Schiebt Fenster auf 2. Bildschirm auf dieselbe Position zuvor.
Strg + A	Markiert alle Objekte im Ordner.
Strg + C	Kopiert markierte Datei in Zwischenablage.
Strg + X	Schneidet markierte Datei aus.
Strg + V	Fügt zuvor kopierte / ausgeschnittene Datei an dieser Stelle ein.
Alt + Tab	Wechselt schnell zwischen geöffneten Fenstern hin und her.
Win + Tab	Übersicht für alle offenen Programme und virtuelle Desktops.
Strg + Mausrad vor / zurück	Vergrößert / verkleinert Symbole im aktuellen Ordner.
Alt + Enter	Öffnet Eigenschaften der markierten Datei / des Ordners.
Alt + Pfeil hoch	Wechselt in den nächsthöheren Ordner.
Strg + Doppelklick	Öffnet so angeklickten Ordner in neuem Explorer-Fenster.
Alt + F4	Schließt das aktuelle Fenster (klappt in fast jedem Programm).

DIE PROGRAMME PROBIEREN

68 Supertricks zu:

Textnavigation, Textmarkierungen, 108 Sonderzeichen & Symbolen, Formatanpassungen, Formeln und Formelhilfen, Diagrammen, 3D-Malerei, Fotobearbeitung, Taschenrechner-Modi, Wettervorhersage, Karten und Verkehr.

SUPERTRICKS IN DEN PROGRAMMEN

Sie haben immer noch nicht genug? Die vorherigen Seiten haben Ihren Hunger nach mehr geweckt, und jetzt wollen Sie Nachschlag? Aber gerne doch!

Windows ist weit mehr als nur eine Oberfläche, auf der Sie mit Drittprogrammen arbeiten – das ist Ihnen sicherlich schon aufgefallen. Sowohl die integrierten Zusatzprogramme als auch Pakete wie Office machen aus Windows sozusagen die „Mutter aller Programme". Das Betriebssystem erlaubt Ihnen, eine Vielzahl von Aufgaben direkt in Ihrer gewohnten Umgebung zu erledigen.

WORD: Tricks per Tastatur

Word kennt jeder. Und schreiben kann auch jeder. Aber wer hätte es gedacht: Auch in Word ist die Tastatur als Mausersatz unerreicht. Es gibt natürlich auch hier eine Vielzahl von Tastenkombinationen, mit denen Sie Funktionen direkt ausführen können, statt mit der Maus umständlich in ein Menü zu wechseln und diese dort auszuwählen.

Gerade, wenn Sie mit Text arbeiten, können Sie damit eine Menge Zeit sparen.

Sei es die Positionierung des Cursors, das schnelle Markieren und Weiterverwenden von Textpassagen oder die Verwendung von Formaten: Die Tastatur mit ihren passenden Shortcuts ist dafür Ihr Schweizer Taschenmesser.

WARUM SHORTCUTS?

IMMER DIESE Tastenkombinationen – warum eigentlich? In grauer Vorzeit, den Anfangszeiten der „Personal Computer", gab es die Maus noch gar nicht. Auch Windows war noch nicht am Horizont zu sehen und PCs wurden ganz allein über die Tastatur bedient. Erst mit Windows und seiner grafischen Benutzeroberfläche kam die Notwendigkeit auf, eine zusätzliche Eingabemöglichkeit zu schaffen.

Shortcuts sind Überbleibsel dieser Ära. Nach wie vor stehen sie für die schnelle und bequeme PC-Nutzung. Aber wer weiß, vielleicht sind Touch-Gesten oder neue Konzepte irgendwann noch bequemer?

Ihre Tastatur hat gar nicht genug Tasten für all die Zeichen, die Sie vielleicht verwenden wollen. Windows bietet Ihnen diverse Möglichkeiten, hunderte Sonderzeichen und Symbole in einen Text einzufügen: sei es durch bereits existierende Tastenkombinationen oder durch von Ihnen selbst erstellte.

EXCEL: Formeln und Zahlen malen

Excel ist ein mächtiges Programm – wenn man es bedienen kann. Das Eingeben von Daten mag Ihnen noch leicht von der Hand gehen, aber die Zahlen sagen erst einmal nur Ihnen etwas.

Machen Sie es anderen mithilfe von Diagrammen leichter, den Durchblick zu bekommen und ohne viel Hirnschmalz zu verstehen, was Sie mit diesen Daten sagen möchten. Sie kennen es aus jeder Wahlprognose, aus Zeitschriftenartikeln und dem Fernsehen. Mit Excel können Sie Zahlen in verschiedenste Diagrammformen überführen und so in eine verständliche Form bringen. Um diese zu erstellen, brauchen Sie keine jahrelange Ausbildung – in drei bis vier Klicks sind Sie fertig.

Das Programm kann Ihnen dank der mitgelieferten Formelsammlung auch komplizierte Berechnungen aus den einzelnen Werten abnehmen. So bekommen Sie schnell aus einer simplen Zahlenreihe einen aussagekräftigen Wert: etwa den Durchschnittsverbrauch Ihrer einzelnen Betankungen, das Minimum oder Maximum pro Monat und so weiter.

Wer sich diese ganzen Formeln merken soll? Niemand! Spicken Sie einfach und nutzen Sie den Funktionsassistenten. Der hält alle Formeln parat, sortiert nach Themen.

ALLTAG: Kleine Windows-Zusatzhelfer

Stichwort Rechnungen: Warum kompliziert, wenn es nur um einfache Rechenaufgaben geht? Der digitale Rechner in Windows ersetzt Ihren Taschenrechner auf dem Schreibtisch. Hinter seinem bescheidenen Äußeren verstecken sich viele Funktionen.

Wollen Sie schnell und unkompliziert ein paar 3D-Modelle erstellen? Das geht kinderleicht im neuen Programm Paint 3D. Ständig neue 3D-Vorlagen gibt's online im Windows Store. Oder stehen sie eher auf Pixel-Art? Auch das gute alte Paint finden Sie weiterhin in Windows 10.

Die Fotos-App ermöglicht per Zauberstab „Ein-Klick-Verbesserungen" Ihrer Bilder, die Sie mit Ihrem Smartphone oder der Digitalkamera geschossen haben.

Und wenn es an die nächste Urlaubsplanung geht, haben Sie mit Windows nicht nur das weltweite Wetter im Blick, sondern auch Karten und 3D-Ansichten von Ländern, Städten und Verkehrswegen. Lassen Sie sich sagen, ob Sie für Ihren Urlaubsort den Schirm oder das Badehandtuch einpacken sollten und wie Sie Staus auf dem Weg am besten umfahren können.

MIT TASTEN IM TEXT SPRINGEN

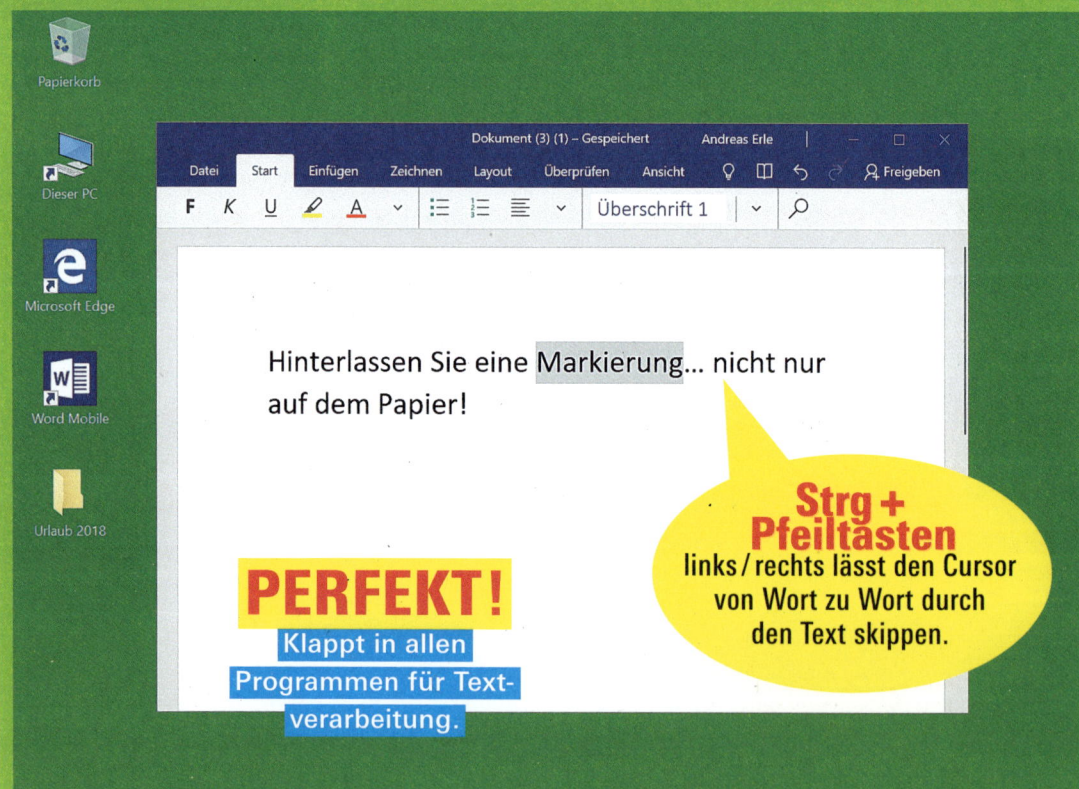

Strg + Pfeiltasten links/rechts lässt den Cursor von Wort zu Wort durch den Text skippen.

PERFEKT! Klappt in allen Programmen für Textverarbeitung.

VERLOREN IM TEXT? Da, wo es blinkt, ist Ihr Cursor. Wenn Sie aber an einer ganz anderen Stelle weiterschreiben oder Text markieren wollen, geht die Hand zur Maus. Muss nicht sein! Sparen Sie Zeit mit praktischen Shortcuts.

Shift + Pfeiltasten links/rechts markiert pro Buchstabe. Den ganzen Text markiert **Strg + A**. Wortweise klappt per **Strg + Shift + Pfeiltasten**.

SCHNELL MIT MAUS MARKIEREN

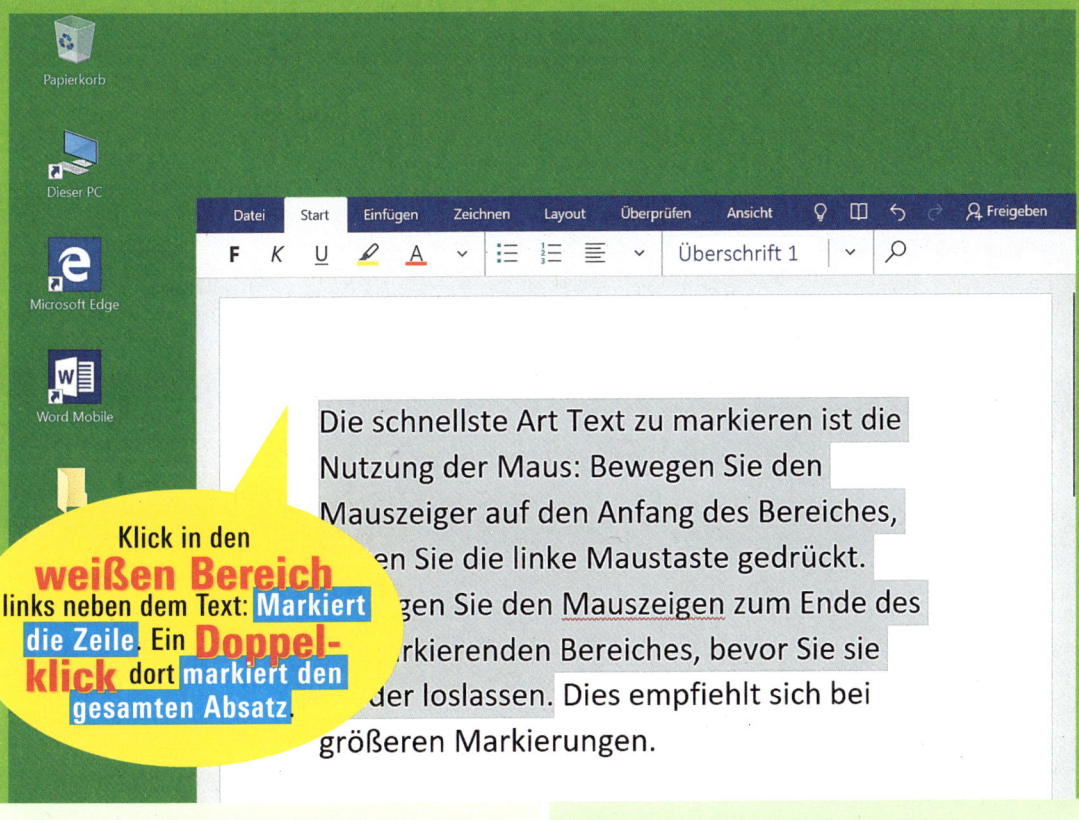

Klick in den **weißen Bereich** links neben dem Text: Markiert die Zeile. Ein **Doppelklick** dort markiert den gesamten Absatz.

ZIELEN, KLICKEN, MARKIEREN – Text mit der Maus zu markieren ist meist die gewohnte Vorgehensweise. Aber in Word gibt es dafür Abkürzungen, die Sie die Arbeit dreimal so schnell erledigen lassen.

Doppelklick auf ein Wort markiert das ganze Wort.

Dreifachklick auf's Wort markiert den gesamten Absatz.

KOPIEREN OHNE FORMATE

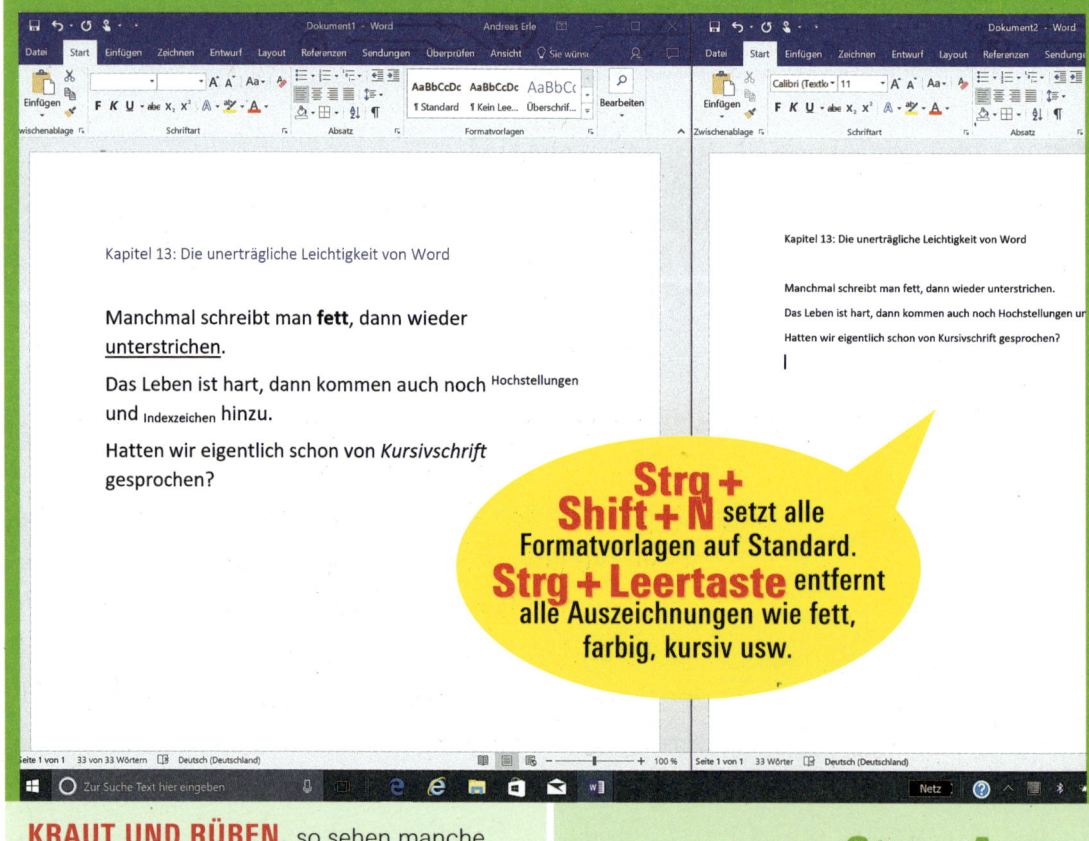

Strg + Shift + N setzt alle Formatvorlagen auf Standard. **Strg + Leertaste** entfernt alle Auszeichnungen wie fett, farbig, kursiv usw.

KRAUT UND RÜBEN, so sehen manche Textformate aus. Und wenn Sie sie kopieren, merkt Word sich das auch noch. Wenn Sie das nicht möchten, können Sie Ihren kopierten Text aber mit wenig Aufwand davon befreien.

Vorher nicht vergessen: **Strg + A** markiert den ganzen Text. Danach alles kopieren, neues Dokument öffnen, einfügen: **Strg + C, Strg + N, Strg + V.**

ÜBERSICHT: FORMATE UND KORREKTUREN IN WORD

TEXTVERARBEITUNG umfasst in Word eine ganze Menge. Diese Funktionen sind im Programm integriert und im Alltag immer wieder hilfreich.

1. **Rechtschreibprüfung:** Per *F7* aktivieren Sie die Rechtschreibprüfung in Word im ganzen Dokument.

2. **Änderungen nachverfolgen:** Der Shortcut *Strg + Shift + E* aktiviert den Korrekturmodus. Ergänzen Sie ein Wort, wird es jetzt andersfarbig dargestellt. Löschen Sie ein Wort, erscheint es durchgestrichen oder als Sprechblase in der Randspalte.

3. **Dokumente vergleichen:** Unter *Reiter Überprüfen > Vergleichen* können Sie zwei ähnliche Dokumente, etwa auf unterschiedlichem zeitlichen Stand, vergleichen. Abweichungen werden farbig dargestellt.

4. **Kommentar einfügen:** *Reiter Überprüfen > Neuer Kommentar* fügt in der Randspalte eine Sprechblase für Ihre Anmerkungen ein. War zuvor eine ganze Passage markiert, bezieht sich der Kommentar darauf.

5. **Formate nutzen:** Über *Start > Formatvorlagen* bietet Word fertige Schriftdesigns an. Text markieren, anklicken, formatiert.

6. **Inhaltsverzeichnis erstellen:** Nutzen Sie (fertige) Formate, denen Überschriftenebenen zugeteilt sind, klicken Sie an den Anfang des Textes und *Verweise > Inhaltsverzeichnis*. Wählen Sie ein Design aus.

7. **Synonyme finden:** *Rechtsklick* auf ein Wort > *Synonyme* zeigt eine entsprechende Liste. Klappt nicht immer bei allen Worten.

8. **Links setzen:** Diese Funktion verwandelt ein Wort oder einen Satz in Word in einen Link: *Wort oder Satz markieren > Strg + K > Ordner oder Datei wählen*. Klicken Sie danach auf den blauen Link per *Strg + Klick*, öffnet sich der Ordner bzw. die Datei.

9. **Suchen und Ersetzen:** *Strg + F*, dort *Suchen und Ersetzen*. Diese Funktion kann nicht nur Worte ersetzen. Lassen Sie z. B. *^p* durch *Leerzeichen* ersetzen, löschen Sie alle Absätze. Mehr solcher Zeichencodes? Siehe *Suchen und Ersetzen > Sonderformat*.

10. **Suchen mit Platzhaltern:** Sie suchen ein Wort, das mal so, mal so geschrieben ist? *Suchfunktion > Erweiterte Suche > Platzhalter verwenden*. W*l findet z. B. Wal, Wahl und Wahllokal. Mehr solcher Platzhaltercodes? Platzhalter-Häkchen aktivieren und *Klick* auf *Sonderformat* für eine Übersicht.

GEHEIMTASTEN NUTZEN

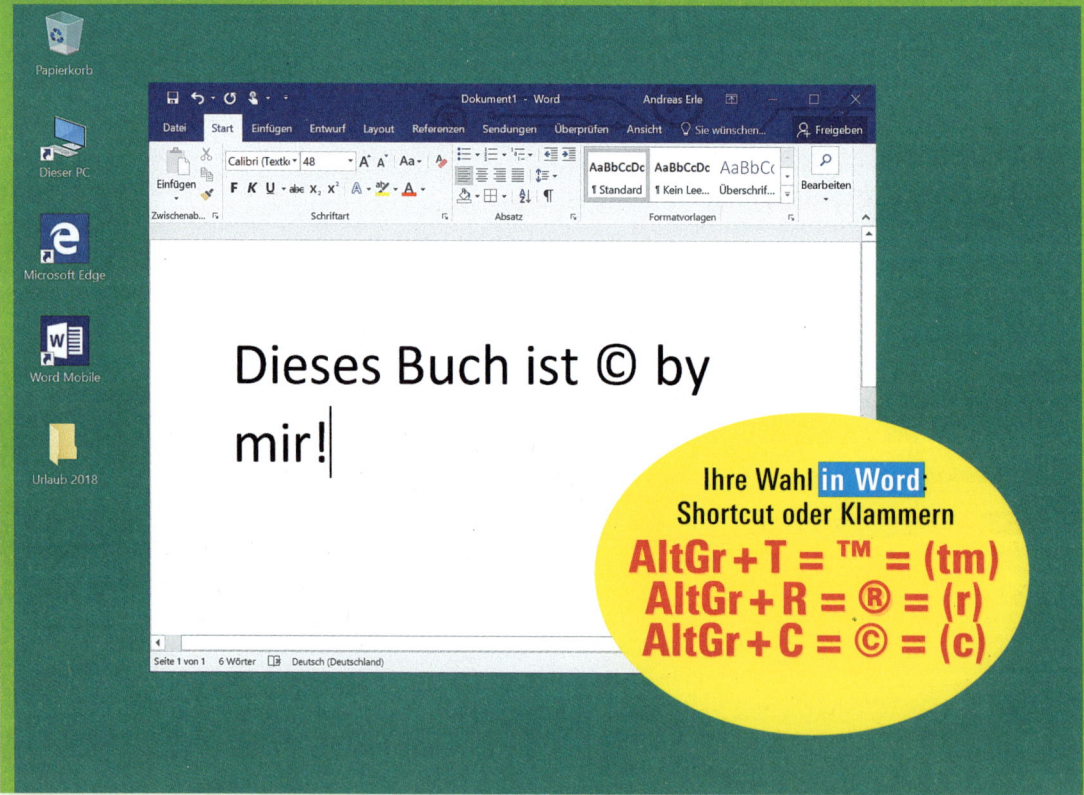

MIT DER ALT GR-TASTE erreichen Sie die Drittbelegung auf der Tastatur, etwa @ über Alt Gr + Q. Einige Zeichen stehen nicht auf den Tasten und klappen trotzdem in Programmen wie Word. In Klammern statt Alt Gr geht auch.

Alt + Strg und **Alt Gr** bewirken dasselbe.

EIGENE SHORTCUTS FÜR SYMBOLE

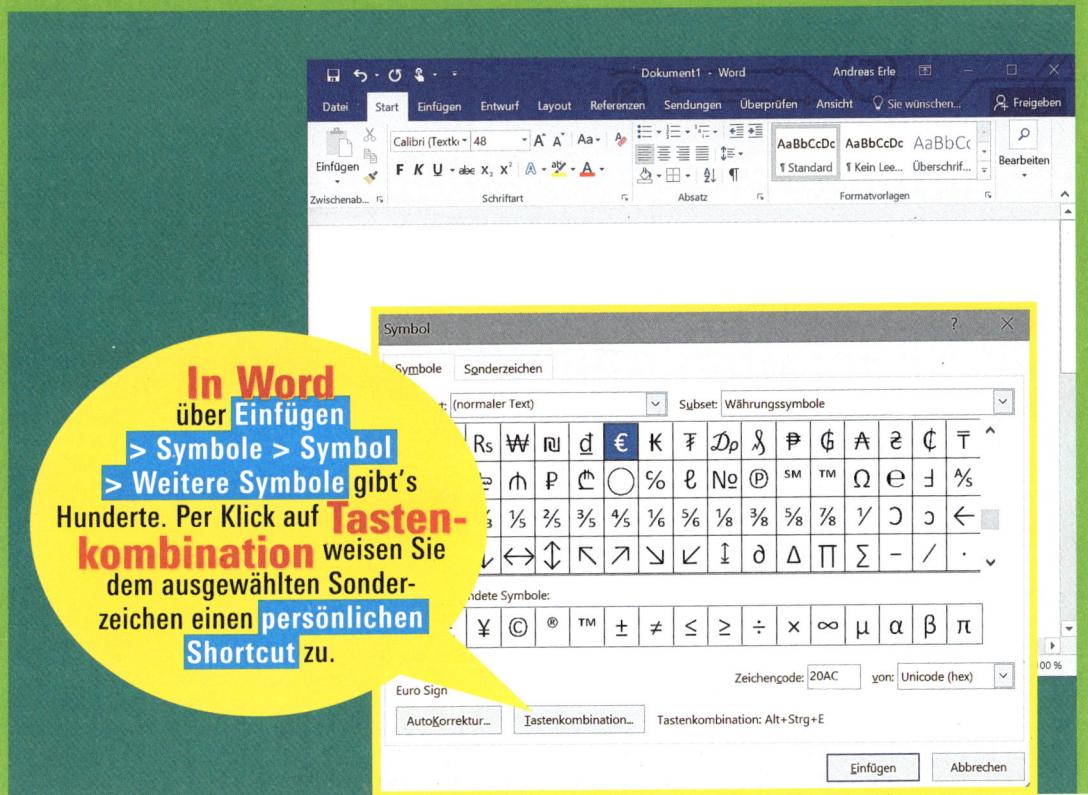

In Word über **Einfügen > Symbole > Symbol > Weitere Symbole** gibt's Hunderte. Per Klick auf **Tastenkombination** weisen Sie dem ausgewählten Sonderzeichen einen **persönlichen Shortcut** zu.

DIE TASTEN SIND BEGRENZT auf Ihrer Tastatur, aber Zeichen, die Sie schreiben können, gibt es Hunderte mehr. In Word listet die Symbole-Übersicht alles auf, was geht. Sie können die aktuelle Standardschriftart oder eine beliebige auf Ihrem Rechner installierte auswählen. Unter Subset grenzen Sie die Art der Symbole ein. Im Reiter Sonderzeichen sehen Sie Standardzeichen und deren dazugehörige Tastenkombination, um sie zu erreichen.

Super-Symbole-Sammlung mit Alt + NumPad

Alt drücken, **Zahl auf NumPad** eintippen, **Alt** loslassen. Funktioniert in vielen Textfeldern – nicht nur in Word. NumPad muss aktiviert sein.

Tastaturkürzel	Zeichen	Tastaturkürzel	Zeichen	Tastaturkürzel	Zeichen
Alt + 1	☺	Alt + 24	↑	Alt + 179	│
Alt + 2	☻	Alt + 25	↓	Alt + 180	┤
Alt + 3	♥	Alt + 26	→	Alt + 217	┘
Alt + 4	♦	Alt + 27	←	Alt + 218	┌
Alt + 5	♣	Alt + 176	░	Alt + 191	┐
Alt + 6	♠	Alt + 177	▒	Alt + 192	└
Alt + 11	♂	Alt + 178	▓	Alt + 193	┴
Alt + 12	♀	Alt + 185	╣	Alt + 194	┬
Alt + 13	♪	Alt + 186	║	Alt + 195	├
Alt + 14	♫	Alt + 187	╗	Alt + 196	─
Alt + 15	☼	Alt + 188	╝	Alt + 197	┼
Alt + 16	►	Alt + 200	╚	Alt + 0135	‡
Alt + 17	◄	Alt + 201	╔	Alt + 0134	†
Alt + 30	▲	Alt + 202	╩	Alt + 0133	…
Alt + 31	▼	Alt + 203	╦	Alt + 219	█
Alt + 127	⌂	Alt + 204	╠	Alt + 220	▄
Alt + 23	↕	Alt + 205	═	Alt + 223	▀
Alt + 29	↔	Alt + 206	╬	Alt + 254	■

Super-Sonderzeichen-Sammlung mit Alt + NumPad

Alt drücken, **Zahl auf NumPad** eintippen, **Alt** loslassen. Funktioniert in vielen Textfeldern – nicht nur in Word. NumPad muss aktiviert sein.

Tastaturkürzel	Zeichen	Tastaturkürzel	Zeichen	Tastaturkürzel	Zeichen
Alt + 143	Å	Alt + 165	Ñ	Alt + 236	ý
Alt + 134	å	Alt + 164	ñ	Alt + 190	¥
Alt + 146	Æ	Alt + 157	Ø	Alt + 0142	Ž
Alt + 145	æ	Alt + 155	ø	Alt + 0158	ž
Alt + 199	Ã	Alt + 0140	Œ	Alt + 168	¿
Alt + 198	ã	Alt + 0156	œ	Alt + 173	¡
Alt + 128	Ç	Alt + 229	Õ	Alt + 19	‼
Alt + 135	ç	Alt + 228	õ	Alt + 171	½
Alt + 189	¢	Alt + 169	®	Alt + 172	¼
Alt + 8353	₡	Alt + 0138	Š	Alt + 243	¾
Alt + 184	©	Alt + 0154	š	Alt + 251	¹
Alt + 0203	Ë	Alt + 36	$	Alt + 253	²
Alt + 137	ë	Alt + 0153	™	Alt + 252	³
Alt + 209	Ð	Alt + 232	Þ	Alt + 241	±
Alt + 208	ð	Alt + 231	þ	Alt + 246	÷
Alt + 216	Ï	Alt + 0159	Ÿ	Alt + 158	×
Alt + 139	ï	Alt + 152	ÿ	Alt + 159	ƒ
Alt + 156	£	Alt + 237	Ý	Alt + 0137	‰

ZAHLEN FÜRS AUGE: DIAGRAMME

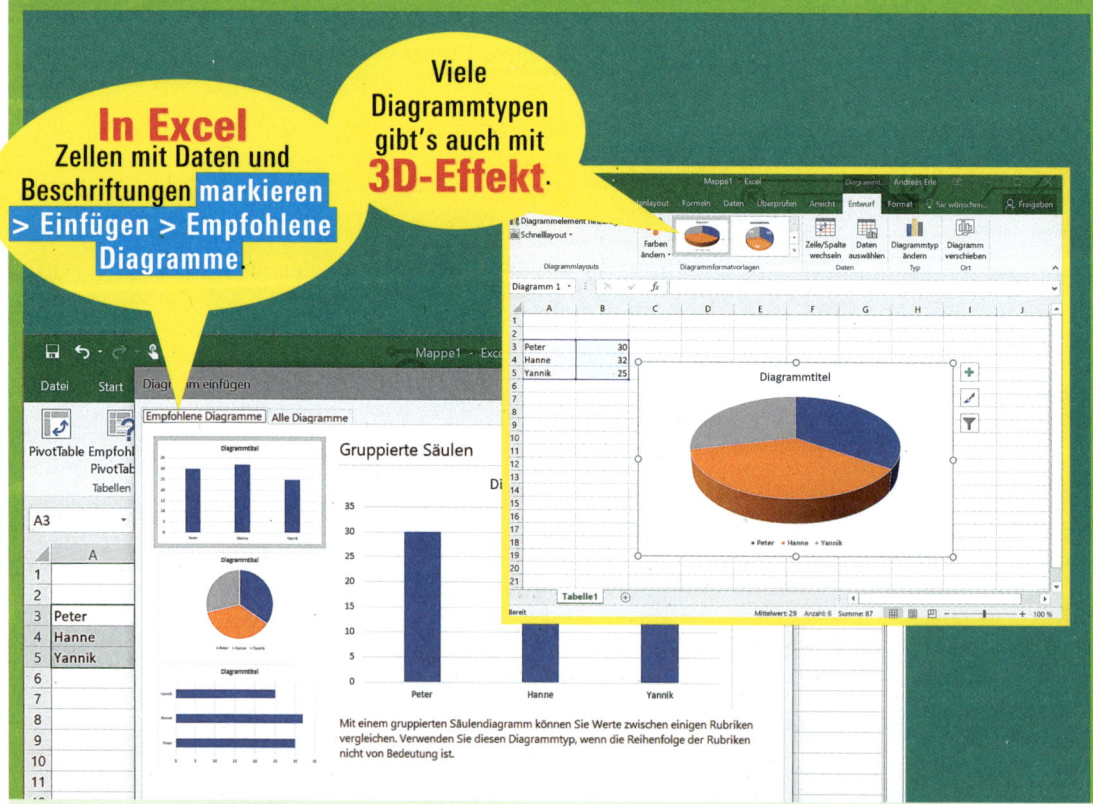

In Excel Zellen mit Daten und Beschriftungen markieren > Einfügen > Empfohlene Diagramme.

Viele Diagrammtypen gibt's auch mit **3D-Effekt**.

ZAHLEN SIND SILBER, Gold sind nur Bilder! Excel erlaubt es Ihnen mit wenig Aufwand, aus Zahlenkolonnen automatisiert Diagramme erstellen zu lassen. Einen strukturierten Überblick über die verfügbaren Diagramme, geordnet nach Typen, finden Sie unter Einfügen > Diagramme. In Word oder PowerPoint können Sie unter Einfügen > Diagramm eine Excel-Tabelle einbetten. Ändern Sie darin Werte, ändert sich automatisch das Diagramm in der Präsentation!

SPICKEN BEI FORMELN

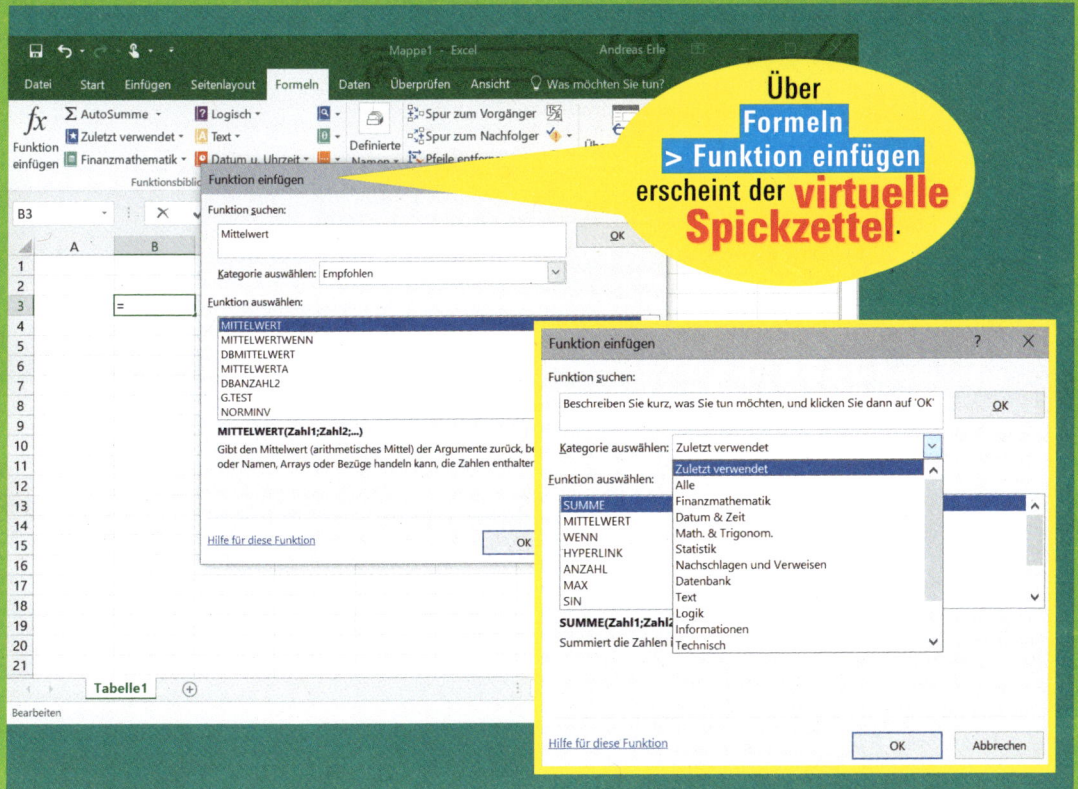

Über **Formeln > Funktion einfügen** erscheint der **virtuelle Spickzettel**.

EXCEL ERSCHLÄGT SIE mit der Vielzahl verfügbarer Formeln? Seien Sie ein schlechter Schüler und spicken Sie, was das Zeug hält. Im Feld des Funktionsassistenten können Sie nach Begriffen wie Datum, Mittelwert usw. suchen.

Das kann höchstens frustrierend werden, wenn die Umschreibung der gewünschten Funktion nicht verständlich ist. In diesem Fall tasten Sie sich unter Kategorie auswählen langsam an die gewünschte Formel heran.

159

Die wichtigsten Excel-Formeln Teil 1:
MATHEMATIK UND ZÄHLEN

Formeln in Excel verknüpfen Zellen miteinander und berechnen dynamisch bei Änderungen den neuen Wert: Ändern Sie die Zelle „Menge" und haben eine Formel „Summe", in der die Menge mit dem Preis multipliziert wird, dann ändert sich diese Summe automatisch.

■ **=Summe(A1:C13)** summiert die Inhalte des Bereichs, dessen linke obere Zelle A1 und dessen rechte untere Zelle C13 ist, auf. Dabei werden alle Zahlenwerte in die Summe aufgenommen. Zellen, die keine Zahlen enthalten, werden einfach ignoriert.

■ **=SummeWenn(A1:A13;"Benzin"; B1:B13)** summiert nur bestimmte Zellen auf. Nehmen wir an, Sie haben eine Ausgabenliste mit Kategorien und Kosten und wollen nur die Benzinkosten aufsummieren. Durch die Formel werden alle Werte des zweiten Bereichs, bei denen in der Spalte links davon „Benzin" steht, damit zu einer Summe zusammengerechnet.

■ **=Mittelwert(A1:C13)** berechnet den Mittelwert dieses Bereichs, nimmt also die Summe und teilt sie durch die Anzahl der Zellen.

■ **=Minimum(A1:C13)** bestimmt den kleinsten Wert im angegebenen Bereich.

■ **=Maximum(A1:C13)** bestimmt den größten Wert im angegebenen Bereich.

■ **=Anzahl(A1:C13)** zählt, wie viele Zahlen im angegebenen Bereich vorkommen. Nicht gezählt werden leere Zellen und Zellen, die alphanumerische Werte (z. B. Text) enthalten.

■ **=Anzahl2(A1:C13)** zählt alle Zellen, die einen Inhalt (egal ob Zahl oder Text) beinhalten. Diese Funktionen sind interessant, wenn Sie herausfinden möchten, wie viele Zellen mit (Zahlen-)Werten gefüllt sind.

■ **=ZÄHLENWENN(A1:C13;"Benzin")** zählt nur die Zellen, in denen im angegebenen Bereich der mitgelieferte Wert (hier: „Benzin") vorkommt. Statt eines festen Textes kann alternativ auch eine Zelle angegeben werden, die den zu suchenden Wert enthält.

■ **=ZEILE(A1)** gibt die Zeile der angegebenen Zelle aus (hier: A).

■ **=SPALTE(A1)** gibt die Spalte der aktuellen Zelle aus (hier: 1).

Die wichtigsten Excel-Formeln Teil 2:
LOGIK UND DATUM

LOGIK

■ =WENN(A1>0;"groesser Null";"kleiner-gleich Null") überprüft die Bedingung, die als erstes Argument der Formel angegeben ist, und füllt die Zelle mit dem zweiten Wert, wenn die Bedingung wahr ist. Optional kann ein weiterer Wert angegeben werden, der in die Zelle eingetragen wird, wenn die Bedingung nicht wahr ist. Am Beispiel wird also bei Zellen mit Werten größer als null der Text „groesser Null" verwendet, bei allen anderen kleiner-gleich null.

■ =ODER(A1>0; A1=-1) prüft mehrere Bedingungen darauf, ob sie wahr sind. Sind eine oder mehrere der Bedingungen (die Sie durch ein Semikolon voneinander trennen) wahr, dann wird „WAHR" ausgegeben, sonst „FALSCH".

■ =UND(A1>0; B1=-1) prüft ebenfalls mehrere Bedingungen darauf, ob sie wahr sind. Sind ALLE Bedingungen erfüllt, dann wird „WAHR" ausgegeben, sind eine oder mehrere nicht erfüllt, dann wird „FALSCH" in die Zelle eingefügt. Natürlich können Sie WENN-, UND- und ODER-Bedingungen beliebig miteinander kombinieren.

DATUM

■ =JAHR(C3) extrahiert aus einer Zelle, in der sich ein Datumswert befindet, die Jahreszahl heraus. =MONAT(C3) macht dasselbe für den Monat, =TAG(C3) für den Tag.

■ =EDATUM(C3;3) zählt zu dem Datum in der angegebenen Zelle die angegebene Zahl von Monaten (hier 3) hinzu und gibt dies als Datum aus.

■ =HEUTE() gibt das aktuelle Datum, das aus der Systemzeit Ihres Rechners bestimmt wird, aus.

■ =KALENDERWOCHE(C3) bestimmt aus einer als Datum formatierten Zelle die Kalenderwoche. Interessant ist hier die Kombination mit der HEUTE-Funktion: =KALENDERWOCHE(HEUTE()), denn damit können Sie ohne Blick auf den Kalender die aktuelle Kalenderwoche bestimmen.

■ =ISOKALENDERWOCHE(C3) können Sie verwenden, wenn Sie statt der normalen Kalenderwoche – bei der die Woche mit dem 1. Januar die 1. KW ist – die ISO-Kalenderwoche bestimmen wollen (bei der die 1. KW die erste komplette Woche ist).

GESTALTEN IN DREI DIMENSIONEN

Paint 3D gab's im Frühjahr 2017 **per Update**. Bei Ihnen noch nicht? Einfach das Creators-Update von Microsoft manuell herunterladen.

Tolle **weitere 3D-Modelle** von Objekten, Tieren & Co. gibt's im Windows Store zum Herunterladen.

ZWEIDIMENSIONALES PIXELGEKRITZEL finden Sie langweilig? Dann probieren Sie das neue Paint 3D aus! Im Handumdrehen entwerfen, bemalen, bekleben und positionieren Sie hier Figuren im dreidimensionalen Raum.

DAS GUTE ALTE PAINT gibt's auch noch – zu finden über die Suchleiste. Das Urgestein von 1985 hat viele Überarbeitungen erlebt und ist einfach, selbsterklärend und perfekt, wenn einfach irgendwo ein Pfeil oder Kringel ran soll.

1 KLICK, FOTO SCHICK

Fotos-App > Bearbeiten: Der **Zauberstab** nimmt automatische Korrekturen von Helligkeit und Kontrast vor.

Jetzt noch **zuschneiden** – schon wird der Schnappschuss zum Foto.

DAS GEWISSE ETWAS können Sie Ihren Fotos bereits in Windows verleihen, ohne Zusatzsoftware: In der Fotos-App können Sie Ihre Bilder nicht nur ansehen, sondern im Bearbeiten-Bereich auch gleich verbessern, zuschneiden, drehen, die Farbstimmung über Filter ändern und vieles mehr. Am Schluss können Sie alles rückgängig machen, das Bild direkt speichern oder eine Kopie davon speichern, um das Original zu erhalten. Auf geht's zum nächsten Foto!

$2 + 3 \times 3 = 15$?

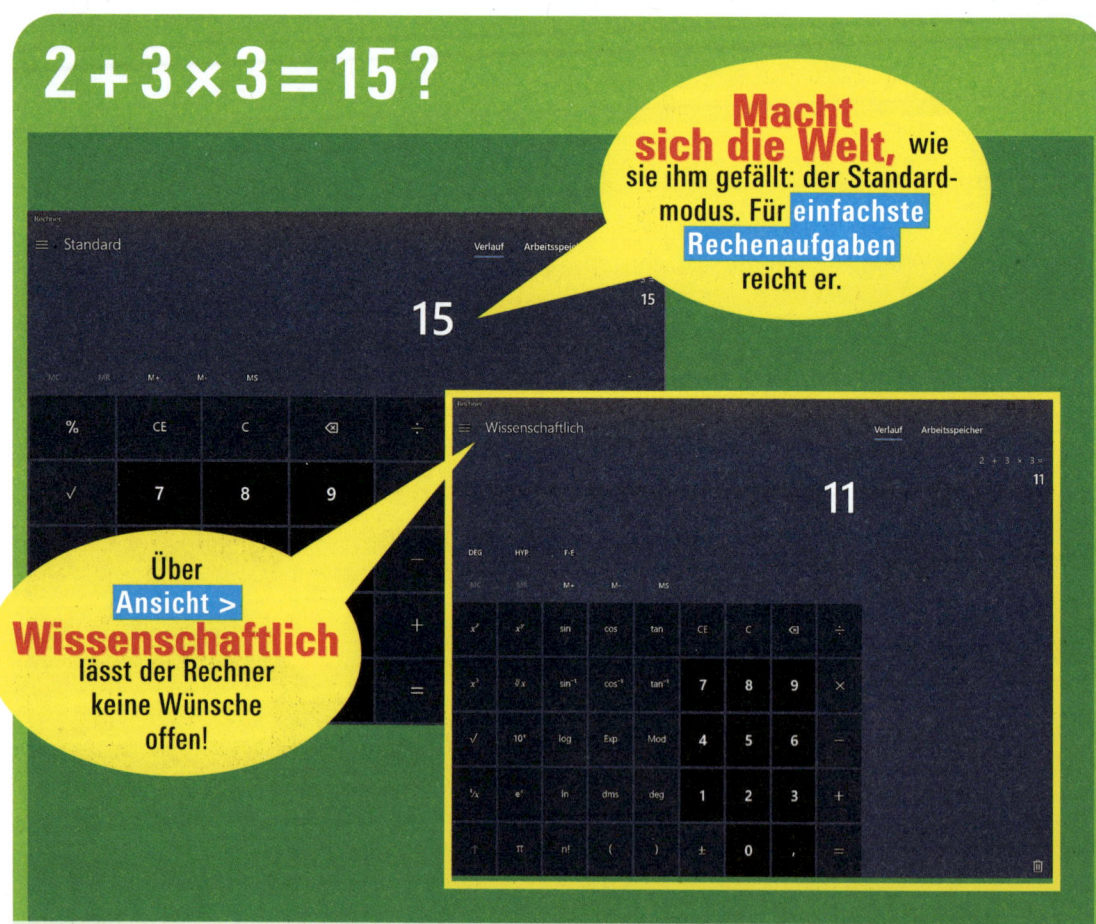

Macht sich die Welt, wie sie ihm gefällt: der Standardmodus. Für einfachste Rechenaufgaben reicht er.

Über Ansicht > **Wissenschaftlich** lässt der Rechner keine Wünsche offen!

ZUMINDEST IM STANDARD geht Punktrechnung nicht vor Strichrechnung – warum auch immer. Verdammen Sie den kleinen Taschenrechner aber nicht zu Unrecht. Schauen Sie sich erst noch seine geheimen Zusatzidentitäten an: Hinter der zurückhaltenden Standard-Ansicht verbirgt sich eine ungeahnte Fülle an Funktionen. Stellen Sie über Ansicht > Wissenschaftlich auf den wissenschaftlichen Modus um und staunen Sie, was alles geht.

TASCHENRECHNER: DER HEIMLICHE HELD

Klicken Sie auf Ansicht und dann auf eine der Modus-Optionen:

ÜBERBLICK: TASCHENRECHNER-MODI

■ **Wissenschaftlich** fügt den einfachen Berechnungen, die der Standardmodus bietet, trigonometrische Funktionen (wie Sinus, Cosinus etc.), Logarithmus, Potenzen und Wurzeln und alle möglichen weiteren Funktionen hinzu, die man klassischerweise bei der Lösung mathematischer Probleme benötigt.

■ **Programmierer** erlaubt Ihnen die Verknüpfungen von in der Programmierung gebräuchlichen Formaten, so z. B. Hexadezimal oder Binär. Die App rechnet damit normale Zahlen in diese Formate um und lässt sie dann durch logische Verknüpfungen wie ODER, UND und XOR miteinander verknüpfen.

■ **Statistik** gibt Ihnen die Möglichkeit, Zahlenreihen einzugeben und diese auszuwerten. Geben Sie einen Zahlenwert ein, drücken Sie dann ADD und machen Sie das so lange, bis Sie alle Zahlen eingegeben haben. Sie sehen im Display dann die Anzahl der Werte und können über die Tasten statistische Kenngrößen wie den Mittelwert, die Standardabweichung und andere berechnen lassen.

■ **Datumsberechnung** rechnet Ihnen aus, wie die Differenz ist zwischen zwei Datumsangaben – in Tagen, Wochen, Monaten usw.

■ **Der Verlauf** wird automatisch eingeblendet, sobald Sie das Taschenrechner-Fenster breiter ziehen. Hier können Sie sich die letzten Rechenoperationen anzeigen lassen und mit der Maus und den kleinen Pfeil-Symbolflächen oben eine beliebige Operation wieder aufrufen und mit deren Ergebnis weiterrechnen.

■ **Den Konverter** können Sie eine riesige Menge an Einheiten unterschiedlicher Typen (Druck, Fläche, Gewicht, Leistung etc.) umrechnen lassen, indem Sie die Quelleinheit (Von) und die Zieleinheit (Nach) auswählen und einen Wert eingeben. Oft werden dazu anschauliche Beispiele gegeben wie etwa 2,5 Kaffeetassen / Badewannen / Schwimmbäder für Volumen usw.

DER TASCHENRECHNER VON WINDOWS 7

Hier gab es noch die Funktion Arbeitsblätter, die einige vordefinierte Berechnungen wie den Durchschnittsverbrauch Ihres Autos auf 100 km oder Hypothekenzinsen berechnen konnte. Interesse? Die alte Calculator-Datei finden Sie gratis im Internet.

DIE WETTERVORHERSAGE

ÖFFNEN SIE EIN FENSTER und schauen Sie, wie das Wetter wird. In Windows natürlich. Die App dazu finden Sie im Startmenü. Ihre Vorhersagen für Temperaturen, Niederschlag, Wind und Wolken ist erstaunlich detailliert.

UNTER DER TAGESAUSWAHL können Sie sich die Details für den jeweiligen Tag ansehen. Scrollen Sie weiter hinunter, folgen Sonnen- und Mondaufgang, Niederschlagsmenge, UV-Index, Luftfeuchtigkeit und Windstärke.

KARTEN UND VERKEHRSLAGE

Über die **Symbole am Rand** können Sie die Karte einnorden, die Ansicht neigen, den Standort anzeigen und die Ansicht ändern.

Die App **Karten** finden Sie standardmäßig im Start-Menü als Kachel. Bei aktiver Internetverbindung können Sie die aktuelle Verkehrslage einblenden.

EIN EIGENER KARTENDIENST versteckt sich hinter der Windows-App Karten. Großer Vorteil: Sie können alle Karten offline benutzen: Einstellungen > Apps > Offline-Karten > Karten herunterladen: Wählen Sie Ihr Lieblingsland.

Strg + Pfeiltasten drehen die Kartenansicht nach links/rechts und neigen sie nach vorn/zurück. Rein- und Rauszoomen klappt per **Strg + Plus/Minus**.

EXTRA: TOP NAVIGATIONS-SHORTCUTS FÜR WORD

DIESE TRICKS lassen Sie durch Text fliegen, skippen und währenddessen markieren.

- **Mit der Bild-auf bzw. Bild-ab-Taste** können Sie seitenweise durch den Text durchscrollen. Je nach Programm kann es sich hier um Dokumenten- oder Bildschirmseiten handeln. In jedem Fall aber sind es mehrere Zeilen auf einmal.

- **Die Kombination von Strg + Bild auf / Bild ab** lässt den Cursor zum jeweils nächsten Link im Dokument springen (alternativ geht dies auch mit der Taste **F11**). In Excel springen Sie damit in das nächste Tabellenblatt.

- **Gleichzeitiges Drücken von Shift + Bild auf / Bild ab** blättert seitenweise durch das Dokument und markiert gleichzeitig den Text, über den der Cursor dabei springt.

- **Das Drücken der Taste Pos1** lässt den Cursor an den Anfang der aktuellen Zeile springen, egal, wo er sich gerade im Text auch befindet. Drücken Sie dann die Eingabetaste, und Ihr kompletter Text rutscht nach unten. Sie fügen damit Leerzeilen ein, die Sie wieder mit Text füllen können.

- **Mausklick in linken Rand** markiert Zeile.

- **Über Strg + Pos1** können Sie schnell und ohne Aufwand direkt zum Anfang des Dokuments springen. Der Cursor wird auf dem ersten Zeichen positioniert und die erste Seite auf dem Bildschirm angezeigt.

- **Durch das Drücken der Ende-Taste** lassen Sie den Cursor direkt hinter das letzte Zeichen einer Zeile springen, optimal, wenn Sie dort direkt weiterschreiben wollen.

- **Mit der Kombination Strg + Ende** gelangen Sie direkt zum Ende des Dokuments. Der Cursor wird hinter dem letzten Zeichen positioniert und die letzte Seite des Dokuments auf dem Bildschirm angezeigt.

- **Über Alt + Shift + Pfeil oben / unten** verschieben Sie einen markierten Absatz nach oben bzw. nach unten. Dies können Sie übrigens auch erreichen, wenn Sie die Markierung mit der Maus „greifen" und diese dann an den Zielort bewegen.

- **Durch gleichzeitiges Drücken der Strg-Taste und Mausrad-Rollen** können Sie den Text vergrößern bzw. verkleinern – wie auch im Explorer und auf dem Desktop.

- **Mittlere Maustaste klicken** und nach unten schieben klappt in Word ebenso wie im Browser.

Übersicht: Die besten Programme-Shortcuts

Strg + Pfeil links / rechts	Lässt Cursor in Textverarbeitungsprogrammen von Wort zu Wort springen, statt buchstabenweise.
Shift + Pfeiltasten	Markiert Text während der Cursorverschiebung pro Buchstabe (Pfeil hoch / runter: pro Zeile).
Strg + Shift + Pfeiltasten	Markiert Text während der Cursorverschiebung Pro Wort (Pfeil hoch / runter: pro Absatz).
Strg + Shift + N	Setzt in Word alle Formatvorlagen im markierten Text auf Standard.
Strg + Leertaste	Entfernt in Word alle Auszeichnungen in markiertem Text – wie fett, farbig usw.
Alt + Strg	Hat gleichen Effekt wie Taste Alt Gr.
Strg + A	Markiert alle Objekte im Ordner.
Strg + C	Kopiert markierten Text in Zwischenablage.
Strg + X	Schneidet Text aus.
Strg + V	Fügt zuvor kopierten oder ausgeschnittenen Text an dieser Stelle ein.
Strg + Pfeiltasten in Karten	Dreht Kartenansicht nach links / rechts und neigt nach vorn / zurück.
Strg + Plus / Minus in Karten	Zoomt in Kartenansicht hinein und heraus.

HILFE

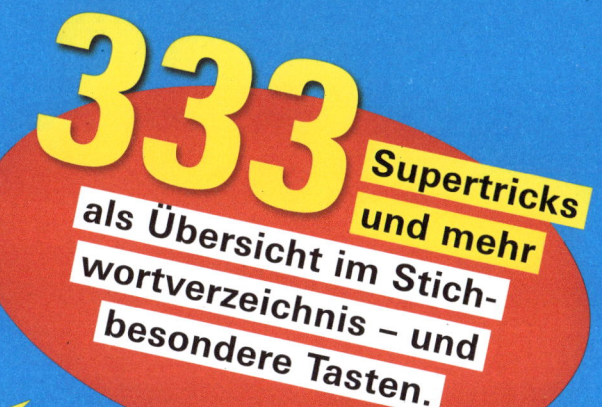

ÜBERSICHT: BESONDERE TASTEN

F1 – F12:
Die Funktionstasten haben in verschiedenen Programmen unterschiedliche Aufgaben.

Backspace:
Geht einen Ordner / Webseite zurück. In Texten löscht es den letzten Buchstaben.

Tab:
Springt zwischen Eingabefeldern und Bedienoptionen hin und her. Ist Teil einiger Shortcuts.

Caps Lock:
1x drücken: aktiv, noch mal drücken deaktiviert es. Einmal aktiviert, schreiben Sie alles groß, ohne Shift halten zu müssen. Shift + Buchstabe schreibt klein.

Win-Taste:
Öffnet das Startmenü und ist Teil vieler Shortcuts.

Druck: Legt einen Screenshot des aktuellen Desktops in den Zwischenspeicher. S-Abf ist ein Relikt aus früheren Tagen – im Alltag nutzlos.

Rollen: Noch ein Relikt, heute praktisch nutzlos.

Pause: Pausieren bzw. Unterbrechen können Sie noch in einigen Spielen. Ansonsten noch so ein Relikt.

3 Lämpchen: Zeigen an, ob NumPad, Caps Lock oder Rollen aktiv sind.

Num: Schaltet das Nummern-Pad ein und aus.

Ausführen-Taste: Rechts zwischen Win und Strg befindet sich auf älteren Tastaturen noch diese Taste. Sie ersetzt den Rechtsklick.

STICHWORTVERZEICHNIS

0–9, A
32bit-Version 44
64bit-Version 44
Adressfelder ausfüllen 104
Ausführen-Befehle 53
Ausführen-Einstellungen 52
Autostart-Reiter 54

B
Bilder bearbeiten 163
Bildschirm, erweitern 69, 116
Bildschirmfoto (siehe Screenshot)
Bildschirmlicht 38
Bildschirmlupe 28, 38
Bildschirmskizze 12
Blauanteil reduzieren 30
Browser 78
  festlegen 83
  wechseln 78
  Auswahl 80
  Extrafunktionen 112
  Funktionen 79
  Privatsphäre 79, 84
  Startseite festlegen 88
  Tabs einstellen 92
  Browserfenster 102
  Shortcuts 113

C, D
Cortana 56, 57
CPU-Auslastung 42
CPU-Reiter 45
Dateiauswahl 139
Dateien suchen 122
  umbenennen 144
  verknüpfen 21
  verschieben (Explorer) 117
  verwalten (Explorer) 117
  -endungen 141
Dateisysteme 50
Daten auf Smartphone 142, 143
Daten verschieben 131
Datenschutz (Windows) 74
Defragmentieren 48
Desktop
  anzeigen 10
  Farben 38
  Gestaltung anpassen 17
  Shortcuts 39
  virtuelle 32, 33
  -Einstellungen steuern 22
  Hintergrundbild 38
  -Symbole, Größe 29
Downloads 110
Drucker anschließen 72

E
Einrastfunktion 68
Excel
  Diagramme 149, 158
  Formeln 149, 159, 160
exFAT-System 50
Explorer, siehe auch Fenster
  öffnen 118
  Aussehen ändern 121
  Bilder ansehen 136, 144
  Datenschutz 144
  Fensteranordnungen 127
  Funktionen 144
  Listenansicht 137
  Navigation 138
  Shortcuts 145
  Standardverzeichnis 120

F, G
Fenster 116
  minimieren 132
  Anordnung 127
  Übersicht 135
Festplatte bereinigen 46
  defragmentieren 48
  formatieren 50
  komprimieren 49
  externe 49
  formatieren 50
Fotos-App 149, 163
Gerät deaktivieren 63
Gerät manuell installieren 63
Geräte-Manager 62

H, I
Hauptbildschirm festlegen 70
Info-Center 22
  anpassen 23
  Smartphone-Funktion 9

J, K
Jugendschutzsicherung 37
Kachel-Oberfläche gestalten 24, 38
  sortieren 25
  Kacheln, Menge anpassen 26
Kalender 11
Kompatibilitätseinstellungen 36
Komprimieren 49
Kontrast, hoher 31

L, M

Lesezeichen/Favoriten 81
Lupe siehe Bildschirmlupe
Mausoptionen 18, 38
Mauszeiger 18
Mobilitätscenter 34
Monitor siehe Bildschirm

O, P

Ordneransicht 140
Paint 149, 162
Paint 3D 149, 162
Papierkorb 60
Private-/Inkognito-Modus 111
Privatsphäre (Internet) 84, 111
Programme
  deinstallieren 47
  dazwischen wechseln 134
  Shortcuts 169
  Programmfester wechseln 116
  -Kachel erstellen 24
  -übersicht 135

R, S

Ruhezeiten 22
Sanduhr 19
Screenshots 35
Scrollen 106
Senden an-Funktion 66
Schrifteinstellungen 71
Shortcuts
  Browser 113
  Dateiauswahl 139
  Desktop 39
  Explorer 145
  Navigation 138
  Programme 169
  System 75
  Word 152
  ausführen 68
Speicherplatz bereinigen 42, 61
  erweitern 49
Sperrbildschirm 38
Spracheinstellungen 13
Standard-Apps 64
Startprogramme festlegen 54
Systemstart 42
Systemsteuerung 59

T

Tabs wechseln 98
  neue 96
  Einstellungen 92
Taschenrechner-Modi 165
Taskleiste 9, 38
  ausblenden 14
  verschieben 14
  anfügen an 124
  Symbole 38
  Symbole anzeigen 15
  Symbole, anpassen 16
Task-Manager 51
Tastatursprache 13
Tastenkombinationen siehe Shortcuts
Touch-Gesten 20
Touchpad, scrollen 107
Touchscreen 8
Touchscreen, scrollen 107
Transparenzeffekte 17
Treiber 63, 73

V, W

Verkehr und Straßenkarten 167
Verknüpfungen 21, 38
Virenschutz 37, 55
Vollbild 126
Webseite aktualisieren 100
  Begriffe suchen 108
  Bilder 109
  scrollen 106
  zu vorheriger wechseln 101
  Text vergrößern 86
Wetter-App 149, 166
Windows Defender Security Center 37
Windows-Einstellungen 58
Windows Ink 12
Word 148
  Formate 168
  kopieren 153
  Korrekturen 168
  Markierungen 150
  Sonderzeichen-Sammlung 157
  Symbole 155
  Symbole-Sammlung 156

Andreas Erle ist Autor zahlreicher Bücher, Zeitschriften- und Online-Artikel rund um Smartphones, mobile Anwendungen und Windows, zu denen er auch eine umfangreiche Webseite betreibt.
Im Buchprogramm der Stiftung Warentest sind von ihm bereits die Ratgeber „Windows 10", „Office 365 & Office 2016" sowie „Windows 10 Mobile" erschienen.

© 2017 Stiftung Warentest, Berlin

Stiftung Warentest
Lützowplatz 11–13
10785 Berlin
Telefon 0 30/26 31–0
Fax 0 30/26 31–25 25
www.test.de
email@stiftung-warentest.de

USt-IdNr.: DE136725570

Vorstand: Hubertus Primus
Weitere Mitglieder der Geschäftsleitung:
Dr. Holger Brackemann, Daniel Gläser

Alle veröffentlichten Beiträge sind urheberrechtlich geschützt. Die Reproduktion – ganz oder in Teilen – bedarf ungeachtet des Mediums der vorherigen schriftlichen Zustimmung des Verlags. Alle übrigen Rechte bleiben vorbehalten.

Programmleitung: Niclas Dewitz

Autor: Andreas Erle
Projektleitung / Lektorat: Johannes Tretau
Mitarbeit: Merit Niemeitz
Korrektorat: Claudia Jürgens, Berlin
Titelentwurf: Sylvia Heisler
Layout, Grafik, Satz: Sylvia Heisler
Bildnachweis: thinkstock (Titel)
Screenshots: Andreas Erle

Produktion: Vera Göring
Verlagsherstellung: Rita Brosius (Ltg.), Susanne Beeh, Romy Alig
Litho: tiff.any, Berlin
Druck: Schreckhase, Spangenberg

ISBN: 978-3-86851-239-7

Wir haben für dieses Buch 100 % Recyclingpapier und mineralölfreie Druckfarben verwendet. Stiftung Warentest druckt ausschließlich in Deutschland, weil hier hohe Umweltstandards gelten und kurze Transportwege für geringe CO_2-Emissionen sorgen. Auch die Weiterverarbeitung erfolgt ausschließlich in Deutschland.